BARBARA BECKER
MIT FRANCA MANGIAMELI

Five Days Only

Wichtiger Hinweis

Dieses Buch ist für Lernzwecke gedacht. Es stellt keinen Ersatz für eine individuelle medizinische Beratung dar und sollte auch nicht als solcher benutzt werden. Wenn Sie medizinischen Rat einholen wollen, konsultieren Sie bitte einen qualifizierten Arzt. Der Verlag und die Autorinnen haften für keine nachteiligen Auswirkungen, die in einem direkten oder indirekten Zusammenhang mit den Informationen stehen, die in diesem Buch enthalten sind.

Originalausgabe
4. Auflage 2025

Türkenstraße 89, 80799 München
info@m-vg.de

Fotoshooting mit Barbara Becker und Franca Mangiameli: Jeffery Berlin Green
Foodshooting: Patrick Rosenthal
Weitere Fotos siehe vollständiger Bildnachweis auf S. 187
Redaktion: Caroline Kazianka
Umschlaggestaltung: Ivan Kurylenko (hortasar covers)
Umschlagabbildungen: Patrick Rosenthal (Foodfoto), Joseph Montezinos (Barbara Becker)
Layout: Katja Muggli, Müjde Puzziferri
Satz: Müjde Puzziferri, MP Medien München, www.mp-medien-muenchen.de
Druck: Balto print, Vilnius
Printed in Lithuania

ISBN Print 978-3-96905-187-0
ISBN E-Book (EPUB, Mobi) 978-3-96905-189-4
ISBN E-Book (PDF) 978-3-96905-188-7

BARBARA BECKER
MIT FRANCA MANGIAMELI

Five Days Only

Das Scheinfasten-Kochbuch mit
60 neuen Rezepten

YES

Inhalt

BARBARA BECKER
MIT FRANCA MANGIAMELI
Five Days Only
Die Revolution des Fastens
Mit 42 leckeren Rezepten
Aktiviere die Zellerneuerung, reduziere Bauchfett und fühl dich jünger durch 5 Tage Scheinfasten

Vorwort

Die Scheinfasten-Diät, bei der man essend fastet, liegt voll im Trend. Dass diese innovative Fastentechnik den Zahn der Zeit trifft, zeigt der überwältigende Erfolg unseres ersten Buches, das wir 2021 dazu geschrieben haben. *Five Days Only* (5DO) war nicht nur innerhalb kürzester Zeit ausverkauft, das Buch hat es auch flugs auf Platz 1 der *SPIEGEL*-Bestsellerliste geschafft. Darauf sind wir mächtig stolz und möchten uns an dieser Stelle bei allen 5DO-Fans bedanken, die diese Fastenmethode so sehr lieben wie wir. Sie teilen unsere Begeisterung und Leidenschaft fürs Fasten mit leckeren Gerichten. So viele Menschen konnten wir ermutigen, 5DO auszuprobieren, Menschen, die wie wir sonst nie den Mumm gehabt hätten, eine Fastenkur zu machen. Mehrere Tage komplett auf Essen zu verzichten ist nun mal nicht jedermanns Sache. Aber 5 Tage mit leckeren Mahlzeiten fasten, das kann jeder schaffen. Veränderungen sind auf mentaler und körperlicher Ebene bereits in dieser kurzen Zeit zu spüren, man kann sie messen und auch sehen. Der Bauch schrumpft, die Haut wird besser, das Gewicht geht runter, das Bewusstsein erweitert sich, man fühlt sich mental klarer. Im Rahmen der 5DO-Challenge, die wir gemeinsam mit vielen Leserinnen und Lesern gestartet haben, sowie anhand zahlreicher E-Mails konnten wir an deren Erfolgen teilhaben. Gleichzeitig wurden Wünsche und Anregungen geäußert, die uns sehr für dieses Kochbuch inspiriert haben. Der Ruf nach mehr leckeren Rezepten wurde immer lauter, besonders bei denjenigen, die 5DO inzwischen regelmäßig als Bestandteil ihrer Gesundheitspflege durchführen. Mit diesem Kochbuch wollen wir allen 5DO-Praktizierenden mehr geben, mehr leckere Rezepte und noch mehr praktische Tipps, die zu jeder Jahreszeit ein stressfreies und entspanntes Scheinfasten ermöglichen – ja sogar im Job oder mit der Familie. 60 leckere Gerichte warten darauf, nachgekocht zu werden. Dieses Kochbuch ist auch ein kompakter Guide und die perfekte Ergänzung zu unserem 5DO-Bestseller, aber zugleich ideal für Einsteiger ohne Scheinfastenerfahrungen. Wissensdurstige, die tiefer in die Welt des Scheinfastens eindringen wollen, sowie Beginner, die sich eine intensivere Begleitung durch die 5 Tage wünschen, sollten auf jeden Fall mit unserem Hauptbuch starten. Allen anderen wünschen wir mit diesem Ratgeber pure Gaumenfreude gepaart mit großartigen Erfolgserlebnissen.

Barbara Becker und Franca Mangiameli

1.

Die Schattenseiten der Wohlstandsgesellschaft

Unser moderner Lebensstil ist zugegebenermaßen mit sehr vielen Annehmlichkeiten verbunden. Hungern muss in den industrialisierten Ländern niemand mehr. Essen ist genügend da, und das auch noch zu jeder beliebigen Tages- und Nachtzeit. Die Auswahl ist riesig und der körperliche Aufwand für die Nahrungsbeschaffung äußerst gering. Nach einem stressigen Arbeitsalltag muss niemand sein Abendessen erjagen oder stundenlang in der Küche stehen, um es zuzubereiten. Dank Digitalisierung bestellt man sich seine Mahlzeiten einfach per Mausklick nach Hause oder man greift zu Fertiggerichten wie TK-Pizza, die man sich nur noch in den Ofen schieben muss. Der medizinische Fortschritt beschert uns darüber hinaus ein längeres Leben. Nie ging es uns so gut wie heute. Doch das bequeme Leben im Überfluss birgt auch viele Risiken. Obwohl sich unsere Lebenserwartung in den letzten 140 Jahren mehr als verdoppelt hat, werden wir immer kränker, und das nicht erst im hohen Alter. Überernährung, Bewegungsmangel, Stress und Schlafdefizite sind die Kehrseite der modernen Wohlstandsgesellschaft. Das geht nicht spurlos an uns vorüber. Die Folgen sind chronische Erkrankungen wie Adipositas, Diabetes, Alzheimer, Fettleber, Krebs sowie Herz-Kreislauf-Krankheiten. Sicher ist ein langes Leben erstrebenswert, allerdings nur dann, wenn es uns gelingt, möglichst fit und gesund auf das Alter zuzusteuern.

Vom Nahrungsmangel zum Nahrungsüberfluss

Auch wenn unsere Teller heutzutage immer gut gefüllt sind und die Vorratskammern meist überquellen – das war nicht immer so. Ein Blick in die Menschheitsgeschichte zeigt: Nahrung war oft ein knappes Gut. Folglich musste unser Körper lernen, mit den wenigen Ressourcen hauszuhalten, sprich, effizient mit Energie umzugehen. Dass es uns Menschen heute noch gibt, haben wir unseren Vorfahren zu verdanken, denen es gelungen ist, ein intelligentes Stoffwechsel-Notfall-Programm zu entwickeln, auf das wir heute noch zugreifen können, wenn wir uns im Nahrungsmangel (zum Beispiel beim Fasten) befinden. Die Funktionsweise dieser SOS-Software ist simpel und dennoch genial: Essen wir über einen längeren Zeitraum nichts mehr (über 12 Stunden), kommt es in unserem Körper zu einem Treibstoffwechsel. Das heißt, wir verbrennen dann nicht mehr vorrangig Zucker, sondern beziehen die erforderliche Energie aus unserer größten internen Vorratskammer – dem Fettgewebe. Wir verbrennen dann überwiegend Fettsäuren und daraus gebildete Ketonkörper. Letztere kann auch unsere Steuerungszentrale – das Gehirn – bestens nutzen. Diesen Stoffwechselzustand bezeichnet man als Fasten- oder Hungerstoffwechsel. Sobald wir essen, verlassen wir den Fastenmodus. Dabei legen wir den Schalter wieder um und nutzen erneut Zucker als Hauptbrennstoff. Dieses Hin- und Herschalten zwischen den Energieträgern heißt in der Fachsprache metabolischer Switch. Die Fähigkeit, je nach Situation schnell zwischen den Energiequellen zu wechseln, nennt man metabolische Flexibilität. Sie ist auch Ausdruck eines fitten und gesunden Stoffwechsels.

Chronisch krank durch chronische Überernährung

Regelmäßige ausgedehnte Esspausen, zu denen unsere Vorfahren gezwungen waren, praktizieren wir heutzutage kaum noch. Es scheint auch nicht nötig, da genug Nahrung vorhanden ist. Studien haben gezeigt, dass wir mehr Zeit essend als fastend verbringen. Zwischen dem ersten und dem letzten Bissen liegen etwa 15 Stunden. In dieser Zeit vertilgen wir drei Hauptmahlzeiten und mindestens zwei Snacks, wodurch wir den überwiegenden Teil des Tages im postprandialen Zustand (postprandial = die Phase nach dem Essen) verweilen. Nach jeder Mahlzeit kommt es in unseren Gefäßen zu einer akuten oxidativen und entzündlichen Reaktion, die zunächst eine normale Schutzmaßnahme unseres Immunsystems darstellt. Pausenloses Futtern, vor allem von Fett-Kohlenhydrat-Bomben, wie Junkfood sie reichlich liefert, führt allerdings zu einer permanenten Aktivierung des Immunsystems. Aus einer harmlosen Entzündung kann so ein chronischer »Gefäßbrand« entstehen, der nicht nur Arteriosklerose begünstigt, sondern zum Fundament vieler Zivilisationskrankheiten wird. Die Dauerbetankung unseres Körpers mit Energie stimuliert überdies Wachstumsprozesse in den Zellen, die über das normale Maß hinausgehen. Das treibt Alterungsprozesse an und fördert Wohlstandskrankheiten.

2.

Fasten – einfach mal nichts essen

Noch nie war Fasten so angesagt wie heute. Und das hat auch gute Gründe, denn die phasenweise Auszeit vom Essen kann nachweislich die mentale und körperliche Gesundheit verbessern und uns vor vielen Lebensstilerkrankungen bewahren. Überraschend ist das nicht wirklich, vielmehr ist es naheliegend, dass das sporadische Zudrehen des Energiehahns uns vor genau den Erkrankungen schützt, die durch Nahrungsüberfluss entstehen. Manche Stoffwechselstörungen lassen sich durch Fasten sogar umkehren oder lindern. Einfach mal nichts essen ist also sinnvoll. Wer dem Essen nicht so radikal entsagen möchte, der greift zu sanfteren Methoden wie zum populären Intervallfasten. Hierzu zählt das 16/8-Fasten, bei dem täglich mehrere Stunden am Stück auf Essen verzichtet wird, während in der verbleibenden Zeit nach Lust und Laune gegessen werden darf. Eine andere Softvariante ist das alternierende Fasten, bei dem jeden zweiten oder dritten Tag die Kalorien auf ein Viertel reduziert oder komplett eingeschränkt werden. Diesem »Fasten light« steht das intensivere, verlängerte Wasser- oder das beliebte Heilfasten nach Dr. Otto Buchinger gegenüber, das sich über einen Zeitraum von 3 bis 21 Tagen erstreckt und deutlich mehr Disziplin und Motivation verlangt. Es führt aber auch zu tiefgreifenderen Veränderungen in der Biochemie unseres Körpers.

Intensives Fasten als zelluläre Verjüngungskur

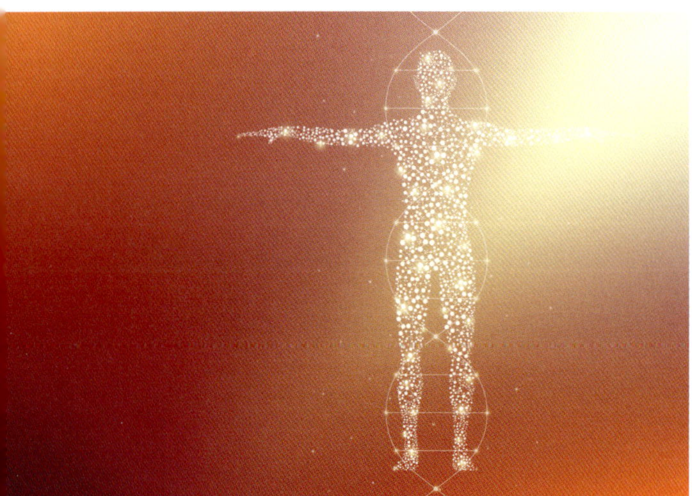

Im Fastenstoffwechsel verwenden wir nicht nur einen anderen Treibstoff für unsere Zellen, sondern stimulieren in ihrem Inneren auch Reparatur- und Verjüngungsprozesse, die die Zellen widerstandsfähiger und robuster gegenüber Stress machen. Dazu zählt beispielsweise die Autophagie – eine Art zellinterner Reinigungs- und Recyclingprozess, bei dem alte, defekte und schädliche Zellbestandteile in ihre Einzelbausteine zerlegt werden. Diese neuen, frischen Bauklötze kann die Zelle schließlich wiederverwerten, etwa zur Bildung neuer, leistungsstärkerer Mitochondrien (= Kraftwerke der Zellen), oder wir nutzen den recycelten »Zellmüll« beim Fasten als Energiequelle. Allerdings gehen Experten davon aus, dass die Aufräum- und Säuberungsintensität der Zellreinigungsflotte erst am dritten Fastentag ihren Höhepunkt erreicht, weshalb zum Zwecke der Autophagie Heilfasten effektiver erscheint als 16/8-Fasten. Zusätzlich werden durch längere Phasen des Nahrungsverzichts Stammzellen aktiviert, wodurch die Regeneration von Geweben stimuliert wird. Wir erneuern und verjüngen uns von innen heraus.

Fasten als Gesundheitsbooster

Schon lange ist bekannt, dass Fasten schmerzlindernd und entzündungshemmend wirkt, weshalb Menschen mit Gelenkerkrankungen (z.B. Arthritis) besonders von dieser Therapie profitieren. Mehrtägiges Fasten greift zudem nachweislich die gefährlichen Fettdepots im Bauch und in der Leber besonders schnell an und verbessert viele Risikomarker für Herz-Kreislauf-Erkrankungen, Diabetes und Demenz – wobei bei bereits Erkrankten ein ärztliches Okay unabdingbar ist und manchmal auch eine engmaschige ärztliche Kontrolle.

Fasten führt etwa zur Senkung des Blutdrucks, des Blutzuckers und des Insulinspiegels sowie der Verbesserung der Blutfette. Ein entgleister Stoffwechsel kann bereits nach wenigen Fastentagen wieder in die richtige Bahn gelenkt werden. Beim Fasten, wenn kein Zucker mehr von außen zugeführt wird, ernährt sich das Gehirn überwiegend von Ketonkörpern. Dadurch bleiben wir geistig fit und leistungsfähig, auch ohne Nahrungszufuhr. Zusätzlich wird beim Fasten der Brain Derived Neurotrophic Factor (BDNF) gebildet, ein Wachstumsbooster, der bestehende Nervenzellen schützt, die Entstehung neuer stimuliert und die Hirnleistung ankurbelt. Nahrungsverzicht wirkt sich zudem günstig auf die Zusammensetzung unserer Darmbakterien aus, stärkt das antioxidative Abwehrsystem und ermöglicht es den Blutgefäßen, sich von dem ganzen Mahlzeitenstress zu erholen. Viele Fastende beschreiben ein erhöhtes mentales Wohlbefinden, das sich bis zu einer Art Fasten-Euphorie steigern kann. Vermutlich hängt dies mit der vermehrten Bildung von Endorphinen zusammen.

Fasten ja, hungern nein – geht das?

Gehörst auch du (wie wir) zu den Menschen, die davon begeistert sind, wie sich eine Fastenkur auf die Selbstheilungskräfte auswirkt, und würdest du dich gerne im bewussten Nahrungsverzicht üben, um deine Gesundheit zu verbessern oder zu erhalten, deine Selbstwirksamkeit zu stärken, dein Bewusstsein zu erweitern oder deinen Zellen einen Frischekick zu verpassen? Allerdings entmutigt dich der Gedanke, tageweise ohne Essen auszuharren? Du hast Angst, es nicht durchzuhalten, oder hast schlicht nicht die Zeit und/oder das Geld, eine teure Fastenklinik aufzusuchen, um dich ein bis zwei Wochen medizinisch begleiten und betreuen zu lassen? Wäre es nicht großartig, wenn es eine Fastenmethode gäbe, die du sicher und bequem zu Hause durchführen könntest, bei der du nicht auf alle Mahlzeiten verzichten müsstest und mit der du trotzdem in den Genuss zahlreicher Fasteneffekte kämest? Mit unserem revolutionären Scheinfastenkonzept »Five Days Only« bekommst du genau das.

3.

Five Days Only (5DO) – das innovative Fastenkonzept

Essen und gleichzeitig fasten? Was nach einem Widerspruch klingt, ist tatsächlich möglich – mit Five Days Only (FDO), dem 5-tägigen revolutionären Fastenprogramm, das in den Medien unter dem Begriff »Scheinfasten« bekannt geworden ist. Wie das Wort schon vermuten lässt, geht es in diesem Konzept darum, etwas vorzutäuschen, und zwar einen Nahrungsmangel. Das heißt, man tut nur so, als würde man nichts essen. In Wirklichkeit nimmt man aber leckere Mahlzeiten zu sich. Diese sind so clever zusammengesetzt, dass der Körper sie nicht als Nahrung erkennt. Er »denkt« also, wir hungern. Daher tut er das, was er bereits vor Millionen von Jahren in Phasen des Darbens gemacht hat, um zu überleben: Er schaltet das Fastenprogramm ein, eine Notfallsoftware, die tief in unseren Genen verankert ist und die, richtig eingesetzt, das Potenzial hat, unsere Selbstheilungskräfte zu aktivieren. Genial, oder? Bevor wir nun tiefer in die Umsetzung unseres 5DO-Programms eintauchen, wollen wir dich vorab mit ein paar Hintergrundinformationen zur Scheinfastendiät füttern.

Wer hat's erfunden?

Zunächst verraten wir dir, wer diese geniale Fastenmethode, die im Original *fasting mimicking diet* (FMD) heißt, erfunden hat. Schließlich wollen wir uns nicht mit fremden Federn schmücken. Anerkennung und Lob gebühren dem Krebs- und Altersforscher Prof. Valter Longo vom Longevity Institute der University of Southern California in den USA. Er hat die FMD entwickelt und, zunächst an Labortieren, intensiv erforscht – mit sensationellen und zukunftsweisenden Erkenntnissen. Mittlerweile gibt es auch gut ein Dutzend Studien am Menschen mit vielversprechenden Ergebnissen. Und dann gibt es noch einige Studien in der Pipeline, auf deren Veröffentlichung wir schon gespannt warten. Ursprünglich hat Prof. Longo die FMD als unterstützende Maßnahme zu Krebstherapien entwickelt, mit dem Ziel, diese wirksamer zu machen und die Nebenwirkungen der Chemotherapie zu reduzieren. Doch inzwischen nehmen Wissenschaftler die Scheinfastendiät nicht nur mit Blick auf die Krebsbehandlung genauer unter die Lupe, sondern untersuchen ihre Wirksamkeit auch bei Erkrankungen wie Typ-2-Diabetes, Herz-Kreislauf-Erkrankungen, multipler Sklerose, Depressionen, entzündlichen Darmerkrankungen sowie Übergewicht und damit einhergehenden Stoffwechselstörungen. Für seine bahnbrechende Forschung im Bereich Anti-Aging wurde Valter Longo 2018 sogar vom *Time Magazine* als eine der 50 bedeutendsten Personen im Gesundheitswesen geehrt.

Die Idee dahinter

Ziel der FMD ist es, den Körper trotz Essen in den Fastenmodus zu versetzen und dabei vergleichbar günstige Gesundheitseffekte zu erzielen wie mit reinem Wasser- oder Heilfasten. Das macht das Fasten für viele Menschen attraktiver, weil es einfacher und sicherer in der Umsetzung ist. Damit das Täuschungsmanöver gelingt und der Körper trotz Essen in den Fastenmodus schaltet, braucht es einen ausgeklügelten Nährstoffmix, mit dem:

1. **körpereigene Fettreserven mobilisiert werden und die Ketose gefördert wird.**

Hierfür muss der kleine Zuckerspeicher (Zucker wird in der Leber als Glykogen gespeichert) in der Leber möglichst leer sein, erst dann kann der Körper in den Fastenstoffwechsel schalten und sich zur Energieversorgung seiner Organe, Gewebe und Zellen der größten Vorratskammer – des Fettgewebes – bedienen. Als Treibstoff nutzt er dann statt vorwiegend Zucker (wie das nach dem Essen der Fall ist) überwiegend Fettsäuren sowie daraus gebildete Ketonkörper (wie beim Fasten). Das ist der metabolische Switch, den wir bereits auf Seite 10 erwähnt haben. Um das zu erreichen, sollte einerseits der Glykogenspeicher in der Leber nicht weiter mit Zucker betankt und andererseits der vorhandene Zucker aufgebraucht werden.

2. **der Schalter für Wachstumsprozesse ausgeschaltet und der für Reparatur- und Reinigungsarbeiten angeknipst wird.**

Zu viele Kalorien sowie eine permanente Zufuhr von Eiweiß (vor allem tierischem) und Kohlenhydraten (speziell Zucker und raffinierter Stärke) führen zu einer Erhöhung des *Insulin-like Growth Factor 1* (IGF-1) und des Hormons Insulin. Deren Aufgabe ist es unter anderem, Wachstumsprozesse voranzutreiben, die gut und wichtig sind, solange der Aufbaumodus nicht chronisch wird, was aber mit unserem heutigen Ernährungsstil der Fall ist. Wichtig ist es daher, unserem Körper regelmäßige Verschnaufpausen zu geben. Die sind essenziell, um Zellen und Gewebe vom anfallenden Zellmüll zu befreien (Autophagie), sie zu regenerieren und sie stressresistenter zu machen.

Die 5DO-Simulations-Formel

Was und wie viel darfst du nun essen, um die zuvor beschriebenen Fasteneffekte zu simulieren? In Anlehnung an die von Longo entwickelte Scheinfastendiät haben wir für unser Programm fünf Ernährungsregeln zusammengefasst.

3. Schraube die Kalorien deutlich herunter!

Eine Kalorienreduktion führt zur IGF-1-Senkung und stimuliert die Autophagie sowie die Aktivierung von Genen, die die Zellen widerstandsfähiger machen. Aus diesem Grund solltest du die Kalorienzufuhr deutlich zurückschrauben, auf 1000 bis 1100 kcal an Tag 1 und 700 bis 800 kcal an Tag 2 bis 5.

4. Genieße 5 Tage lang eiweißarm!

Eine verminderte Zufuhr von Eiweiß senkt ebenfalls effektiv den IGF-1- und den Insulinspiegel und hemmt damit Wachstumsprozesse. Reduziere daher deinen Eiweißkonsum auf maximal 10 Prozent am ersten Tag (bis 25 g) und maximal 9 Prozent an den verbleibenden 4 Tagen (bis 17 g).

5. Iss rein pflanzlich!

Aminosäuren (das sind die kleinsten Bausteine der Eiweiße) wie Leucin und Methionin, deren Anteil in tierischen Lebensmitteln höher ist als in pflanzlichen, haben einen ausgeprägten Effekt auf IGF-1 sowie auf Insulin und somit auf Wachstumsprozesse. Deswegen ist 5DO rein pflanzlich ausgerichtet.

6. Reduziere Kohlenhydrate!

Hoch verarbeitete Kohlenhydrate wie Zucker und Weißmehlprodukte gelangen nach dem Essen schnell ins Blut und erhöhen dort den Blutzuckerspiegel und darauffolgend den Insulinspiegel. Eine Kohlenhydratreduktion ist folglich notwendig, um die Insulinwirkung auf Wachstumsprozesse zu kappen. Außerdem wird dadurch der Zuckerspeicher schneller aufgebraucht, was die Bildung von Ketonkörpern beschleunigt. Bevorzugte Kohlenhydratquellen sollten stärkearme Gemüse, Salate, Pilze sowie zuckerarmes Obst sein. Damit du sicher in Ketose kommst, haben wir bei unseren Rezepten darauf geachtet, in Summe 50 g Kohlenhydrate pro Tag nicht zu überschreiten. Das unterscheidet uns von der Original-FMD sowie von anderen Scheinfastendiäten, deren Kohlenhydratmenge teilweise sogar über 90 g pro Tag liegt.

7. Setze auf hochwertige pflanzliche Fette und Öle!

Fette haben kaum Einfluss auf den Insulinspiegel sowie auf die IGF-1-Konzentration. Daher machen sie kalorisch den größten Teil der Fastenkost aus. Außerdem bringen sie Geschmack in die Mahlzeiten und begünstigen die Bildung von Ketonkörpern. Beim Scheinfasten setzt Prof. Longo vor allem auf natives Olivenöl und Nüsse. Unser Programm beinhaltet zusätzlich Kokosöl, da die darin enthaltenen mittelkettigen Fettsäuren die Bildung von Ketonkörpern fördern.

Info

Nährstoffzusammensetzung der Fastentage bei 5DO

Day 1	Day 2 bis 5
1000 bis 1100 Kalorien	700 bis 800 Kalorien
Maximal 50 g Kohlenhydrate	Maximal 50 g Kohlenhydrate
Maximal 25 g Eiweiß	Maximal 17 g Eiweiß
Restliche Kalorien in Form von Fett	Restliche Kalorien in Form von Fett

Convenience-Faktor oder lieber Frischekick?

Bekanntlich führen viele Wege zum Ziel – das gilt natürlich auch für das Scheinfasten. Wenn du die oben genannten Regeln lieber mit wenig Aufwand umsetzen willst, dann ist Fasten mit dem Convenience-Faktor sicherlich der bequemere Weg. Gehörst du wie wir zur Kategorie »Genießer« und »Clean Eater«, die Mahlzeiten mit echten und unverarbeiteten Lebensmitteln bevorzugen, dann ist ein Fastenplan mit dem Frischekick genau das Richtige für dich. In diesem Fall solltest du dieses Buch nicht mehr aus der Hand legen. Im Folgenden erfährst du mehr über beide Methoden.

ProLon®: Scheinfasten mit dem Convenience-Faktor

Weltweit wird die originale FMD unter dem Markennamen ProLon® vermarktet. Die Mahlzeiten sind in Boxen, die Gemüsesuppen aus der Tüte, Nussriegel, Snacks, Tees und Nahrungsergänzungsmittel sind ebenfalls enthalten. Das hat Vorteile: Der Einkauf entfällt und man braucht seine Mahlzeiten nicht groß vorzubereiten oder den Kochlöffel zu schwingen. Das erleichtert die Umsetzung, besonders für Berufstätige oder Menschen, die einfach den bequemen Weg wählen wollen. Der Haken: Mit knapp 200 Euro pro Box und Zyklus ist die ProLon-Scheinfastendiät sicherlich nicht günstig. Mehr als 20 Jahre Forschung haben eben ihren Preis.

Five Days Only: Fasten mit dem Frischekick

5DO ist das Scheinfastenkonzept für Echt-Esser und richtet sich an Feinschmecker, die wie wir auch beim Fasten nicht auf den Genuss von leckeren Speisen verzichten wollen und den Kochlöffel nicht scheuen. Bei 5DO kommen nur naturbelassene oder gering verarbeitete Lebensmittel in den Kochtopf. Geschmacksverstärker, Zusatz- und Aromastoffe haben in unseren Gerichten keinen Platz.

Die Do-it-yourself-Version der Fastenkur ist zwar etwas aufwendiger als das Original, dafür sind die Mahlzeiten besonders köstlich, vielfältiger und günstiger obendrein. Außerdem kannst du die Rezepte individuell an deine Vorlieben und an die Jahreszeit anpassen.

Effekte – so wirkt 5DO auf Körper und Geist

Um deine Begeisterung für 5DO noch weiter zu schüren, zeigen wir dir nun, welche Effekte du mit diesem Programm bewirken kannst. Der Clou der 5-tägigen Kur: Viele Veränderungen sind schon nach wenigen Tagen spür- und messbar.

Zellen regenerieren und erneuern

Setzt man gesunde Mäuse auf Scheinfastendiät, verjüngen sie sich von innen heraus und leben länger. Durch Autophagie und Aktivierung von Stammzellen konnten bei den Tieren sämtliche Organe und das Immunsystem mit neuen, frischen und funktionstüchtigeren Zellen regeneriert werden. Aber wie sieht es bei uns Menschen aus? Können wir durch FMD die Uhr auch ein wenig zurückdrehen? Zwar haben wir für unsere Spezies (noch) keine so handfesten Daten wie für Labortiere. Wir wissen aber, dass FMD die gleichen Stoffwechselschalter betätigt, die bei Mäusen Alterungsprozesse verzögern und eine Biomarker-Konstellation im Blut erzeugen (Senkung IGF-1, Insulin, Blutzucker, Anstieg Ketone), die Autophagie und Stammzellenaktivierung fördert.

Gewicht verlieren

Nur 5 Tage pro Monat auf Diät sein und die restlichen Tage ohne Kalorieneinschränkung schlemmen und genießen – das klingt attraktiv und ist für viele Betroffene einfacher durchzuhalten, als dauerhaft mit dem Essen zu knausern. Vor allem für Abnehmwillige, die keine Lust haben, sich täglich an ein striktes Diätregime zu halten, ist 5DO ein alternativer Weg zur Wunschfigur. Die Feedbacks, die wir von 5DO-Fastenden erhalten, sind sensationell und decken sich auch mit den Studienergebnissen zur Scheinfastendiät: 2 bis 4 Kilogramm in 5 Tagen! Mindestens die Hälfte davon ist Fettmasse, der Rest ist auf Wasserverluste zurückzuführen. Ein weiterer Vorteil von 5DO gegenüber herkömmlichen Diäten: Du behältst deine Muskelmasse. Das ist nicht nur wichtig für deine Gesundheit, sondern auch für den langfristigen Abnehmerfolg. Zwar kann während der 5-tägigen Fastenimitation etwas Muskulatur abgebaut werden, diese wird jedoch durch die Wiedereinführung von Eiweiß ab dem 6. Tag, dem Re-Feeding, wieder regeneriert. Willst du dich länger an deiner neuen Leichtigkeit erfreuen, solltest du 5DO mehrmals im Jahr wiederholen und mit einer gesunden und ausgewogenen Dauerernährung kombinieren (ausführlichere Informationen dazu findest du in unserem ersten Buch *Five Days Only*).

Das ist auch wichtig, um Gewichtsschwankungen zu vermeiden. »Weight Cycling« – so heißt das ständige Auf und Ab des Gewichts in der Fachsprache –, geht nämlich mit einem erhöhten Risiko für Herz-Kreislauf-Erkrankungen einher, selbst bei Normalgewichtigen.

Bauchfett verbrennen

Mit 5DO wirst du den Gürtel enger schnallen. Da Scheinfasten gezielt die Fettdepots am und vor allem im Bauch angreift, kannst du förmlich zusehen, wie deine Körpermitte schrumpft. Das konnte nicht nur die weltberühmte Scheinfastenstudie zeigen, die 2017 in der Fachzeitschrift *Science Translational Medicine* veröffentlicht wurde, sondern deckt sich auch mit unserer persönlichen Erfahrung und der unserer 5DO-Fans. Eine schlankere Taille macht nicht nur optisch was her, der Abbau von gefährlichem Bauchfett hebt deine Stoffwechselgesundheit auf ein höheres Niveau.

Risikofaktoren verbessern – Gesundheit optimieren

Deine Blut-Chemie profitiert von der fastenimitierenden Kur. Sie wirkt sich günstig auf den Blutzucker- und Cholesterinspiegel aus, sie senkt den Blutdruck und wirkt wie ein Feuerlöscher bei Entzündungen. Der Effekt ist ausgeprägter bei Menschen, deren Stoffwechselgesundheit schon auf Abwegen ist. Gesunde können mit 5DO ihren Status konservieren und so Alterungsprozessen entgegenwirken.

Mentales und emotionales Wohlbefinden steigern

Auch wenn es paradox klingen mag: Obwohl man bei 5DO nur wenig Energie zuführt, berichten viele, sich gegen Ende des Programms energiegeladener, mental klarer und fokussierter zu fühlen. Das Bewusstsein wird erweitert und die Selbstwirksamkeit gestärkt.

Wegweiser zu einer gesünderen Ernährung

5DO ist ein radikaler Einschnitt in das gewohnte Ess- und Ernährungsverhalten, gleichzeitig ist es eine Chance, um mit alten, ungesunden Gewohnheiten zu brechen, sie nachhaltig zu verändern und sich in Achtsamkeit zu üben. Dadurch lernst du, in Zukunft bewusst gesündere Entscheidungen zu treffen.

Vorteile des Scheinfastens auf einen Blick

Abnehmen und Fett abbauen

- Gewicht reduzieren
- Bauchfett abbauen und gleichzeitig Muskel- und Knochenmasse erhalten

Stoffwechselparameter auf einem gesunden Niveau

Personen mit Risikofaktoren

- Blutzucker- und Cholesterinspiegel senken
- Blutdruck und Entzündungsmarker reduzieren

Gesunde

- Stoffwechselparameter auf einem gesunden Niveau halten

Bewusstsein erweitern, Verhalten ändern

- Mentale Klarheit und Fokussiertheit fördern
- Selbstwirksamkeit stärken

Zellen verjüngen

- Zellen durch Autophagie reinigen und regenerieren
- Zellen stammzellenbasiert erneuern

Erfolgsstorys

5DO funktioniert nicht nur bei uns. Täglich erreichen uns tolle Erfahrungsberichte mit beeindruckenden Ergebnissen von Menschen, die durch 5DO einen gesünderen Weg eingeschlagen haben. Fünf Geschichten, die uns besonders bewegt haben, wollen wir dir vorstellen.

Alessandra Sposato (45), Toni Sposato (62)

vorher

nachher

Was hat euch dazu bewegt, 5DO zu machen?

Alessandra Sposato (A. S.): In den letzten Jahren haben wir uns bedingt durch viel Stress etwas gehen lassen. Als die Waage im Januar 2021 72 Kilo anzeigte, gingen bei mir die Alarmglocken an. Mit einer Shake-Diät habe ich mir schließlich mühselig in sechs Monaten 7 Kilo runtergehungert. Dann kam der große Frust, monatelang passierte nichts.

Im Kampf gegen meine Pfunde peilte ich ein mehrtägiges Wasserfasten an, in der Hoffnung, weiter Gewicht zu verlieren. Auf der Suche nach einem passenden Fasten-Begleiter in der Buchhandlung stolperte ich über *Five Days Only*, das gerade erschienen war. Fasten, ohne zu hungern und mit Mahlzeiten, das war attraktiver als der komplette Nahrungsverzicht. Außerdem schien es mir praktikabler und sicherer für die Umsetzung zu Hause zu sein. Wie in eurem ersten Buch empfohlen, suchte ich mir Freunde, um die Challenge zu starten. Nur meinen Mann konnte ich zu diesem Zeitpunkt noch nicht überzeugen. Nach 5 Tagen waren fast 3 Kilo verschwunden. Das machte mich so happy, dass ich zum Wiederholungstäter wurde. Seither habe ich das Programm monatlich durchgeführt, insgesamt siebenmal.

Wie fühlst du dich während der 5 Tage?

A. S.: Die ersten beiden Tage verlaufen meistens reibungslos. Der dritte Tag ist mein Kampftag, da spüre ich den Übergang in den Fastenmodus, der sich in Form von Kopfschmerzen, leichten Kreislaufproblemen und Abgeschlagenheit äußert. Ab dem vierten Tag kommt die Kraft zurück. Es fühlt sich dann so an, als ob sich meine Akkus komplett aufgeladen hätten, so energiegeladen bin ich. Hunger verspüre ich beim Scheinfasten selten, eher Appetit, vor allem auf Käse.

Hat dich der Erfolg deiner Frau angespornt, 5DO zu machen?

Toni Sposato (T. S.): Die Motivation, 5DO durchzuführen, war getriggert durch eine Wette mit meiner Frau, die ich unbedingt gewinnen wollte. Sie sagte zu mir, dass ich 5DO ohnehin nicht durchhalten werde. Sie wusste, dass sie mit dieser Aussage meinen Kampfgeist wecken würde. Das war auch ihr Ziel. Schließlich schlossen wir eine Wette ab: Im Falle meines Scheiterns hätte ich meiner Frau ein Tattoo zahlen müssen (und ich mag keine Tattoos). Würde ich 5DO durchziehen, versprach sie mir ein gemeinsames Wochenende in einem Wellnesshotel. Mein Ziel war der Sieg – und ich gewann die Wette.

Wie ist es dir in diesen 5 Tagen ergangen?

T. S.: Kurz gesagt: schrecklich. Ich hatte Hunger, war schlecht gelaunt und gereizt, die Familie ging mir lieber aus dem Weg. Es war eine große Herausforderung für mich als Koch, in der Küche zu stehen und ständig von leckeren Essendüften umgeben zu sein. Nie wieder wollte ich 5DO wiederholen. Am Ende war ich dann aber doch ganz froh. Der Blick auf die Waage ließ mich den Stress vergessen: minus 4 Kilogramm.

Was hat dir 5DO gebracht? Was hat sich verändert?

A. S.: 5DO war meine beste Entscheidung. Mit jedem Durchgang habe ich zwischen 2,8 und 3,8 Kilogramm verloren, davon konnte ich jedes Mal 1 bis 2 Kilogramm halten, ohne mich zu kasteien. Ich ernähre mich jetzt gesünder als früher, dennoch gönne ich mir auch mal ein Eis oder ein Glas Wein. Trotzdem habe ich auf diesem Weg zusätzlich 10 Kilogramm abgenommen und bin jetzt bei meinem Wunschgewicht von 55 Kilogramm angekommen. Wenn ich mich im Spiegel anschaue, sehe ich einen verjüngten Körper, mein Bauch sieht trotz der drei Schwangerschaften super aus, die Haut ist straffer und ich habe weniger Falten. Ständig werde ich angesprochen und bekomme so viele Komplimente wie noch nie zuvor in meinem Leben. Außerdem hat 5DO mein Immunsystem gestärkt. Vorher war ich oft krank, seit 5DO ist nur Corona durchgedrungen, ansonsten hatte ich keinen Infekt mehr.

Du wolltest 5DO eigentlich nicht wiederholen. Was hat dich umgestimmt?

T. S.: Meine Frau hat eine überwältigende Transformation hingelegt. Da muss man als Ehemann aufpassen, dass man noch hinterherkommt. Ich wollte auch für sie wieder attraktiver sein und mich in meiner Haut wohler fühlen. Folglich packte ich es wieder an, aber diesmal beschäftigte ich mich intensiv mit 5DO. Gemeinsam mit meiner Frau planten wir die Woche, erstellten einen Ernährungsplan, ich ging einkaufen, sie bereitete die Gerichte zu. Wir waren ein eingespieltes Team. Mittlerweile habe ich 5DO dreimal durchgezogen, ganz ohne schlechte Laune und Hunger. Dafür wurde ich mit einem neuen Lebensgefühl und 10 Kilogramm weniger auf den Rippen belohnt. Ich fühle mich fitter und agiler denn je. Mein Bauch, der sich als große Kugel deutlich vorgewölbt hatte, ist fast verschwunden. Dadurch schnarche ich, zur Freude meiner Frau, nicht mehr. Ich fühle mich wie ein neuer Mensch.

5DO war ein Partnerprojekt. Hat sich das auf eure Beziehung ausgewirkt?

A. S.: Ja, definitiv. Das Projekt hat uns noch enger zusammengeschweißt. Nach 25 Jahren Ehe haben wir uns neu ineinander verliebt. Toni hat mir einen Heiratsantrag gemacht, nächstes Jahr werden wir uns zum zweiten Mal das Jawort geben.

Rosetta Cardillo (46)

Was hat dich motiviert, 5DO zu machen?

Meine Schwangerschaften haben Spuren hinterlassen. 6 Kilo hatten sich an Bauch und Hüften festgesetzt – die mussten weg. Mit 16/8-Intervallfasten ist es mir gelungen, in vier Wochen 4 Kilogramm abzunehmen. Doch dann, so kurz vor dem Ziel, stagnierte das Gewicht. Die Lösung für meine letzten hartnäckigen Kilos sah ich in der *NDR Talk Show.* Barbara Becker war zu Gast und stellte ihr neues Buch vor – *Five Days Only.* Nur 5 Tage fasten mit Essen und dabei abnehmen, das klang gut und vor allem mit Beruf und Familie machbar. Allerdings stellte sich sofort ein Hindernis vor meine Euphorie – die Migräne, an der ich schon zehn Jahre litt und die mich alle zwei Wochen mit übelsten Schmerzen heimsuchte. Mir war bewusst, dass Fasten einen Migräneanfall auslösen konnte. Ich war mir nicht sicher, ob ich das Risiko eingehen sollte.

Was hat dich dazu bewegt, 5DO trotzdem umzusetzen?

Bei einer befreundeten Ernährungsberaterin holte ich mir Rat. Sie motivierte mich, 5DO dennoch auszuprobieren. Beim Scheinfasten bildet die Leber nämlich Ketonkörper, die sich günstig auf manche Migräneformen auswirken können. Für einen länger anhaltenden Effekt müsse ich es aber schaffen, nach 5DO in Ketose zu bleiben, so ihre Empfehlung. Damit war mein Ziel neu definiert. Ich wollte mit Scheinfasten abnehmen und 5DO gleichzeitig als Einstiegshilfe in eine ketogene Ernährung nutzen, um meine Migräne loszuwerden.

Wie erging es dir während des Scheinfastens?

Die ersten 3 Tage liefern super. Dank der einfachen und leckeren Rezepte war das Durchhalten ein Klacks. Hunger hatte ich dank der üppigen Mahlzeiten selten. Außerdem war ich durch 16/8-Fasten darin geübt, vormittags nichts zu essen. Ab mittags standen mir drei Mahlzeiten zur Verfügung – das Gefühl zu »diäten« kam dadurch gar nicht auf. Kopfschmerzen bekam ich erst am vierten Tag. Sie waren aber mit Schmerztabletten gut kontrollierbar. Wahrscheinlich waren es eher klassische Fastenkopfschmerzen als Migräne. Insgesamt fühlte ich mich geistig fitter und weniger müde, was mir vor allem abends, beim Vorbereiten meines Unterrichts, sehr entgegenkam.

Konntest du deine Ziele erreichen?

Nach 5DO blieb ich in Ketose und meine Migräne ist verschwunden. Seit drei Monaten habe ich keinen Anfall mehr. 5 Tage haben mich zudem 3 Kilo leichter gemacht und den Bauch um 5 Zentimeter schrumpfen lassen. Am Ende gab es noch einen Überraschungseffekt: Ich konnte wieder in die Hocke gehen ohne Schmerzen. Scheinfasten hat sich offensichtlich entzündungs- und schmerzlindernd auf meine Kniearthrose ausgewirkt. Noch drei Monate später profitiere ich vom Fasteneffekt. Ich gehe nicht nur leichter durchs Leben, sondern auch schmerzfrei – das ist ein Gewinn an Lebensqualität.

Du bist berufstätige Mutter – wie hast du das alles unter einen Hut gebracht?

5DO habe ich unter der Woche gemacht. Zum einen, weil mich die Arbeit gut abgelenkt hat, und zum anderen, weil meine Kinder bereits in der Kita bzw. Schule mit einem warmen Mittagessen versorgt wurden. Dadurch musste ich für sie abends nicht mehr aufwendig kochen. Es gab ein klassisches Abendbrot mit Gemüse oder ein abgewandeltes 5DO-Gericht und natürlich durften sie bei mir alles probieren. Eine gute Planung ist das A und O, denn mit Familie ist Zeit ein knappes Gut. Daher habe ich einen Ernährungsplan für die 5 Tage erstellt und entsprechend eingekauft. Das hat mir viel Zeit und Stress erspart. Meine Mahlzeiten habe ich abends, wenn die Kinder im Bett lagen, für den Folgetag vorbereitet. Zucchinispaghetti, griechischer Salat, Bohnensalat – das sind leckere Gerichte, die wenige Zutaten benötigen und im Handumdrehen fertig sind.

Wie haben die Kinder auf deine 5DO-Kur reagiert?

Sie waren neugierig, haben viele Fragen gestellt, was mich sehr gefreut hat. Wir haben während 5DO, aber auch in der Zeit danach, oft über gesunde Ernährung gesprochen und warum sie so wichtig ist. Einige Gerichte haben sie sogar probiert. Natürlich mochten sie nicht alles. Das absolute Highlight für meine Tochter war der Snack mit Himbeeren und Pekannüssen. Den musste ich auch ihr täglich zubereiten. Mein Sohn hat Papaya mit Minze und Limette als neues Leibgericht für sich entdeckt.

Welche Erkenntnisse hast du aus 5DO für dich gewonnen?

Mir wurde viel bewusst, zum Beispiel, wie oft ich mir gedankenlos Essen in den Mund schiebe, denn mit Kindern wird man automatisch zum Resteesser. Außerdem ist mir klar geworden, wie oft ich meine Bedürfnisse zurückstelle – nach dem Motto: erst die Familie, dann ich. Das ist aber eine Regel, die ich mir selbst auferlegt habe. Mit 5DO habe ich mir wieder mehr Beachtung geschenkt. Diese Selbstfürsorge war eine tolle Erfahrung. Durch das Scheinfasten war ich besser drauf, weniger gereizt und viel entspannter. Ein Gewinn nicht nur für mich, sondern für die ganze Familie.

Birgit Kniepert (58)

Wie bist du zu 5DO gekommen?

Mein Mann und ich haben in den letzten Jahren viel Raubbau mit unserem Körper betrieben. Wir bewegten uns wenig und ernährten uns nicht gerade ausgewogen. Die Quittung für diesen ungesunden Lebensstil erhielten wir 2020, als mein Mann einen Herzinfarkt erlitt, den er fast nicht überlebt hätte. So tragisch das auch war, sein Schicksal war unser Augenöffner. Wir hegten den dringenden Wunsch, unsere Lebensweise grundlegend zu verändern. Klar war, unsere Ernährung brauchte einen gesünderen Anstrich und das Gewicht musste runter. Bei meiner Internetrecherche nach einem geeigneten Diätratgeber wurde mir euer Buch *Five Days Only* vorgeschlagen. Der Titel sprach mich sofort an. Von Scheinfasten hatte ich bis dato noch nie etwas gehört, aber es klang nach etwas, das ich unbedingt ausprobieren wollte. Also bestellte ich mir das Buch und verschlang es mit Begeisterung in Windeseile. Mir wurde klar, 5DO ist keine Diät im eigentlichen Sinne, sondern der Weg in ein gesünderes Leben.

Du hast an meiner 5DO-Instagram-Challenge teilgenommen. Hat es dir und deinem Mann geholfen, in Gemeinschaft scheinzufasten?

Es war motivierend, täglich mit Gleichgesinnten Erfahrungen auszutauschen. Mein Mann hat zwar nicht mitgefastet, aber alle Gerichte mit großer Begeisterung mitgegessen. Das 5DO-Buch bezeichnen wir als unsere Rezeptbibel. Es steht immer griffbereit in der

Küche. Alles, was wir daraus kochen, ist köstlich, einfach in der Zubereitung und mittlerweile fester Bestandteil unserer Ernährung.

Auf mentaler Ebene hat 5DO viel bei dir bewirkt. Was genau war das?

Für mich war das Scheinfasten wie eine Art Seelenpflege mit nachhaltigem Effekt. 5DO hat mich mental gestärkt, es hat mir Kraft gegeben und mich aus der Lethargie herausgeholt. Ich fühle mich energiegeladener, bin aktiver geworden und habe Freude an gesunder Ernährung entwickelt. Dass ich mehr strahle und aufgeblüht bin, ist auch für mein Umfeld nicht zu übersehen.

Spürst du körperliche Veränderungen?

Zwei Runden 5DO haben mich 5 Kilo leichter gemacht. Den Hosenknopf kriege ich jetzt ohne Baucheinziehen zu. Bisher konnte ich das Gewicht problemlos halten. Mit anderen Abspeckmethoden dagegen schlug der Jo-Jo-Effekt immer sofort zu. Auch sind durch 5DO die Fressattacken und die schlechte Laune, die ich sonst nach jeder Diät bekomme, ausgeblieben. Durch die gewonnene Leichtigkeit spüre ich meinen Fersensporn nicht mehr. Endlich kann ich wieder unbeschwert spazieren gehen, ohne das Gefühl zu haben, auf Glassplittern zu laufen. Die Liste meiner positiven Veränderungen ist aber noch viel länger: Ich habe kein Sodbrennen mehr, meine Blähungen sind weg, die Kopfschmerzen sind verschwunden, meine Haut ist glatter und strahlender, ich schlafe deutlich besser und schwitze kaum noch.

Anja Nuske (51)

Wie bist du mit dem Scheinfasten in Berührung gekommen?

Als ehemalige Klubmanagerin und Fitnesstrainerin war ich permanent in Bewegung, habe täglich Kurse gegeben und auch privat war Sport ein wichtiger Bestandteil meines Lebens. Eine Achillessehnenentzündung sowie Arthrose an den Zehen beendeten mein bewegtes Berufsleben. Ich war gezwungen, den Job zu wechseln. Heute arbeite ich viel im Sitzen und

Sport treibe ich kaum noch. Das war ein krasser Lebenseinschnitt, der nicht folgenlos blieb. Peu à peu legte ich an Gewicht zu und fühlte mich zunehmend unwohler in meiner Haut. Dieser Entwicklung musste ich entgegenwirken und entschied mich für eine vierwöchige Suppenkur. Das Programm war sehr mühsam, zu lang, dadurch wenig alltagstauglich und gebracht hat es mir nicht viel. Im Dezember 2021 sah ich auf Facebook einen Post mit eurer Buchwerbung. Nur 5 Tage Scheinfasten schienen mir ein Klacks zu sein, schließlich hatte ich mit 20 schon eine strengere siebentägige Heilfastenkur durchgehalten. Dennoch hatte ich Bedenken. Heilfasten hatte bei mir anfänglich extreme Unruhezustände ausgelöst, vor allem nachts, sodass ich nicht schlafen konnte. Ich hatte Sorge, mit 5DO könne es mir genauso ergehen, zumindest wurde das in eurem Buch als eine mögliche Reaktion aufgelistet. Hinzu kam die Befürchtung, dass ich mit 5DO zwar super abnehmen könnte, der Effekt aber nicht nachhaltig sein würde. Damals hatte ich mit Heilfasten in 7 Tagen 6 Kilogramm verloren, aber blitzschnell wieder 7 Kilogramm zugenommen. Das wollte ich unbedingt vermeiden.

Trotz deiner Bedenken hast du 5DO durchgeführt. Hat es sich gelohnt?

Meine Bedenken konnte ich zum Glück alle über Bord werfen. 5DO hat mir unglaublich gutgetan. Ich hatte weder Kopfschmerzen noch Unruhezustände und geschlafen habe ich wie ein Baby. Ich fühlte mich fit und energiegeladen. Meine Haut hat sich enorm verbessert, sie ist feinporiger und rosig. Dreimal habe ich das Programm durchgeführt und dabei 4 Kilogramm verloren. 2 Kilogramm müssen noch weg, dann habe ich mein Wohlfühlgewicht. Meine Beine sind straffer und schlanker. Durch den Abbau von Fettmasse kommen meine Muskeln wieder zur Geltung, wodurch mein Körper mehr Kontur bekommt. Beim Laufen habe ich deutlich weniger Beschwerden. Die Arthrose ist viel besser geworden und die Achillessehne bereitet mir kaum noch Schmerzen. 5DO hat auch mein Essverhalten nachhaltig verändert. Die Gedanken kreisen nicht mehr permanent um irgendwelche Leckereien, ich esse nur, wenn ich Hunger habe, und nicht, wenn ich Lust verspüre. Zudem werde ich mit kleineren Portionen schneller satt.

War 5DO einfacher durchzuhalten als Heilfasten?

Ja, 5DO war im Vergleich zum Heilfasten ein Spaziergang. Es ist mir nicht schwergefallen, die 5 Tage durchzuziehen, auch weil die Rezepte sehr lecker, einfach zuzubereiten und sättigend sind. Meistens koche ich ein Gericht doppelt, gleich für 2 Tage. Tagsüber esse ich kalte Mahlzeiten, die ich auch gut mit zur Arbeit nehmen kann. Da ich überzeugt und begeistert vom Scheinfasten bist, werde ich es im Rhythmus von 2 Monaten wiederholen.

4.

5 Tage essen und fasten – so geht's

Ausgestattet mit einer ordentlichen Portion Grundlagenwissen zu 5DO und inspirierenden Erfolgsgeschichten, geht es jetzt an die praktische Umsetzung. Du bist hoffentlich hoch motiviert und bereit loszulegen! In diesem Kapitel findest du Antworten auf die wichtigsten Fragen.

Deine Fragen, unsere Antworten

Seit Erscheinen unseres ersten Buches und diversen Scheinfasten-Challenges haben uns viele Fragen und Anregungen zur Umsetzung von 5DO erreicht. Für einen reibungslosen Start und ein entspanntes Gelingen haben wir aus unserem Fragenpool die wichtigsten herausgefischt und ausführlich für dich beantwortet.

Was muss ich bei der Vorbereitung beachten?

Damit 5DO zum Spaziergang und nicht zum Hindernislauf wird, ist eine gute Planung das A und O. Das heißt konkret:

Wähle den richtigen Zeitpunkt!

Nimm dir eine kleine Auszeit vom Alltag für das Programm, vor allem wenn du 5DO zum ersten Mal machst und noch nicht genau weißt, wie der Körper darauf reagiert. Es ist ratsam, 5DO nicht in eine Zeit zu packen, in der viele Termine anstehen. Du brauchst Raum für Entspannungsübungen, moderates Training und Spaziergänge. Das ist in einem eng getakteten Berufsalltag kaum möglich.

Plane im Voraus und gehe einkaufen!

Wähle aus den 60 Rezepten deine Favoriten für die kommenden 5 Tage aus und trage sie in den Vordruck »Mein individueller 5DO-Essensplan« auf Seite 49 ein oder nutze die vorgefertigten Essenspläne (ab Seite 50). Das verschafft dir einen guten Überblick, vor allem für die Erstellung der Einkaufsliste. Die Jahreszeit, in der du 5DO umsetzt, wirkt sich nicht nur auf deine kulinarischen Bedürfnisse aus, sondern auch auf die Lebensmittelauswahl. Im Winter bevorzugen wir eher wärmende Speisen wie Suppen und Eintöpfe mit saisonalem Gemüse oder ein würziges Curry mit Kokosmilch. Im Sommer freuen wir uns zum Beispiel auf einen knackigen Salat oder eine kalte, erfrischende Gazpacho. Um dir die saisongerechte Planung deiner Mahlzeiten zu erleichtern, haben wir dir als Starthilfe zwei 5DO-Essenspläne erstellt, jeweils einen für das Fasten in der kühleren und einen in der wärmeren Jahreszeit. Hast du deine Auswahl getroffen? Dann schreibe eine Einkaufsliste und besorge (vor allem wenn du 5DO zum ersten Mal machst) vor dem Start alle Zutaten, bis auf leicht verderbliche Ware (z.B. Beeren, Pilze). Diese Vorgehensweise setzt dich weniger Essensreizen und Verführungen aus. Ein hungriger Bauch ist schließlich kein guter Einkaufsberater. Du benötigst außerdem eine Haushaltswaage, da du 5 Tage lang alles akribisch abwiegen wirst.

Wie sollte ich mich am Vortag ernähren?

Du darfst dich wie gewohnt ernähren. Ist es jedoch dein Ziel, den Übergang in den Fastenmodus zu beschleunigen, ist es ratsam, am Vortag, vor allem beim Abendessen, die Kohlenhydrate (Brot, Kartoffeln, Nudeln etc.) wegzulassen.

Wie oft und wie viel darf ich während 5DO essen?

Wie du bereits auf Seite 20 gelesen hast, darfst du am ersten Tag 1000 bis 1100 kcal essen und ab Tag 2 bis Tag 5 nur noch 700 bis 800 kcal. Verteilt wird die Gesamtenergiemenge auf zwei Hauptmahlzeiten und einen Snack. Zu den Hauptmahlzeiten zählen Frühstück, Mittag- und Abendessen, deren Kaloriengehalt am ersten Tag 400 bis 450 kcal pro Mahlzeit und ab Tag 2 nur noch 250 bis 300 kcal pro Mahlzeit beträgt. Die Snacks liefern maximal 200 kcal. Für welche zwei Hauptmahlzeiten du dich entscheidest, kannst du ganz nach deinem Gusto bzw. deiner Gewohnheit ausrichten. Gehörst du zur Sorte Mensch, die ohne Frühstück schwer in die Gänge kommt? Dann starte deinen Tag mit einem unserer acht Frühstücke und verteile den Snack und das Abendessen auf die zweite Tageshälfte. Bist du eher der Frühstückmuffel? Dann kommst du am ehesten auf deine Kosten, wenn du am späten Vormittag zum Beispiel mit einem Snack oder mittags mit deiner ersten Hauptmahlzeit beginnst. Unsere 5DO-Essenspläne (ab Seite 50) sind nicht nur saisonal ausgerichtet, sondern auch an deine Mahlzeitenpräferenz (mit oder ohne Frühstück) angepasst.

Wann sollte ich meine letzte Mahlzeit zu mir nehmen?

Nicht zu spät. Am besten bis zwei Stunden vor der Bildung des Schlafhormons (Melatonin). Im Winter wäre das ca. 19 Uhr, im Sommer auch etwas später. Achte darauf, dass zwischen deiner letzten und ersten Mahlzeit mindestens 12 Stunden Pause liegen.

Mahlzeiten weglassen oder zusammenlegen – ist das sinnvoll?

Versuche, dich möglichst genau an die Vorgaben zu halten, auch an die Mengenangaben im Rezept, damit das Scheinfasten funktioniert. Mahlzeiten weglassen kann Hungergefühle verstärken, sie zusammenzulegen bedingt eine erhöhte Kohlenhydratzufuhr innerhalb einer Mahlzeit und erhöht die Gefahr, aus der Ketose zu fliegen.

Muss ich selbst Nährwerte berechnen?

Keine Sorge, es ist weder nötig, die Rezepte zu berechnen noch deinen Essensplan. Du musst nur die Gerichte für Tag 1 und die für Tag 2 bis 5 zusammenstellen. Egal, wie du sie kombinierst, du bewegst dich immer im Rahmen der erforderlichen Kalorienmenge und Nährstoffkombination. Noch einfacher ist es, wenn du dich an unseren 5DO-Essensplänen orientierst.

Wie viel und was sollte ich trinken?

Als Faustformel gilt: 30 bis 35 ml Wasser pro Kilogramm Körpergewicht, das entspricht bei einem Erwachsenen ungefähr 2 bis 3 Litern. An heißen Sommertagen gerne etwas mehr. Viel trinken ist in diesen 5 Tagen wichtig, weil du durch das Fasten, vor allem in den ersten 2 Tagen, Flüssigkeit verlierst. Das kannst du am anfänglich rapiden Gewichtsverlust feststellen. Konsumiere ausschließlich kalorienfreie Getränke, vorrangig Mineralwasser. Achte darauf, dass das Wasser nicht natriumarm ist. Trinkst du Leitungswasser, kann es Sinn machen, eine Prise Salz hinzuzufügen. Das Wasser darfst du gerne mit Obstscheiben (z. B. Limette, Orange, Apfel)

und Kräutern (z. B. Minze) aufpeppen. Auch Kräuter- und Früchtetees sind ideal. Verzichten solltest du auf Säfte, Schorlen, Softgetränke und Alkohol.

Was ist mit Kaffee?

Das ist die Frage, die den meisten unter den Nägeln brennt. Kaffeeverzicht ist zwar wünschenswert, da es beim Fasten auch darum geht, sich von lieb gewonnenen Abhängigkeiten zu lösen. Wenn dir das aber nicht gelingt oder du durch Kaffee-Entzug Kopfweh bekommst, dann spricht nichts dagegen, ein bis zwei Tassen Kaffee zu genießen, allerdings ohne Zucker und Kuhmilch. Schwarz bekommst du den Kaffee nicht runter, aber ohne Koffein geht es auch nicht? Die Frage nach pflanzlichen Milchalternativen für den Kaffee ploppt immer wieder auf. Ein Schuss, das heißt 2–4 EL, Mandeldrink auf zwei Tassen Kaffee verteilt, sind okay. Außerdem haben wir bei einem Frühstücksrezept und Snack Cappuccino bzw. Latte Macchiato mit Mandeldrink eingebaut.

Darf ich Süßstoffe konsumieren?

Hier gilt wie auch beim Kaffee: Kannst du auf Süßstoffe verzichten, ist das super! Grundsatz von 5DO ist nämlich, industriell verarbeite Lebensmittel sowie Kunstsüße möglichst zu meiden. Gönne deinem Körper daher eine mehrtägige Auszeit von Zucker und seinen Imitaten. Ist deine süße Sucht jedoch so stark, dass ein Abrechen von 5DO droht, dann trinke, lutsche oder kaue maßvoll süßstoffgesüßte Produkte.

Darf ich meine Speisen salzen?

Wie du unseren Rezepten entnehmen kannst, verwenden wir für die Gerichte auch Salz. Das mag bei anderen Scheinfastenkonzepten anders sein. Da du beim Fasten Wasser verlierst (Dehydrierung!) ist es nicht nur ratsam, genug zu trinken, sondern auch Salz aufzunehmen, um damit verbundene Probleme wie Kopfschmerzen vorzubeugen.

Fasten und Sport – passt das zusammen?

Scheinfasten und Bewegung sind kein Widerspruch, sondern ein kraftvolles Duo. Sie verstärken und ergänzen sich gegenseitig. Bewegung entspannt, schützt die Muskeln und lässt dich besser schlafen. Allerdings solltest du es mit dem Sport nicht übertreiben. Denn das Fasten an sich ist schon ein milder und gewünschter Stressreiz für den Körper. Sich körperlich auszupowern, stresst den Körper zusätzlich. Das kann dann schnell zu viel des Guten sein. Ideal sind Workouts, die auch muskelkräftigend sind, etwa Yoga und Pilates. Radfahren, lockeres Joggen, Walken oder Schwimmen sind Ausdauersportarten, die du wunderbar während 5DO praktizieren kannst und auch solltest. Ausgiebige Spaziergänge an der frischen Luft regen zusätzlich den Kreislauf an und beleben den Geist.

Was kann ich tun, wenn mich der (Heiß-)Hunger quält?

Das Hungergefühl empfinden viele als etwas Bedrohliches. Kein Wunder, mit unserem modernen westlichen Lebensstil erleben wir selten echten Hunger. Sicherlich wird sich während 5DO dein Magen zwischendurch mal melden, das flaue Gefühl bleibt jedoch nicht die ganze Zeit. Hunger kommt und geht wie eine Welle. Am besten hilft Ablenkung und abwarten, bis die Welle vorüberzieht. Spätestens wenn deine Ketonkörper im Blut ansteigen, nimmt das Hungergefühl ab, da sie als Appetithemmer wirken. Achte darauf, langsam zu essen, und wähle Rezepte mit besonders guten Sättigungseffekten aus. Spitzenreiter sind Suppen und Eintöpfe.

Woran merke ich, dass ich im Fastenmodus bin?

Ein Marker dafür, dass du dich im Fastenstoffwechsel befindest, ist die Bildung der Ketonkörper, die du zum Beispiel im Urin messen kannst. Die dafür notwendigen Urinsticks sind in der Apotheke oder im Internet erhältlich. Vor allem, wenn du 5DO zum ersten Mal machst, kann sich der Übergang in den Fastenmodus etwas holprig anfühlen. Besonders Fastenneulinge können dann grippeähnliche Symptome (man nennt das auch Keto- oder Fasten-Grippe) mit Kopfschmerzen und Müdigkeit entwickeln. Beim Fasten entsteht Azeton (das kennst du sicherlich aus dem Nagellackentferner), das man abatmet. Vorübergehender schlechter Atem kann die Folge sein. Außerdem können Mundtrockenheit sowie ein gesteigertes Durstgefühl ein Indikator für den Treibstoffwechsel sein. Ketone sorgen aber auch dafür, dass man sich beim Fasten energiegeladener, mental klarer und fokussierter fühlt und weniger Hunger verspürt.

Welche Nebenwirkungen können eintreten?

Zu den häufigsten Nebenwirkungen zählen Kopfschmerzen, Schwächegefühl, Herzrasen, Konzentrations-, Kreislauf- oder Schlafprobleme, Schwindel und Mundgeruch. Solche Symptome treten meist am 3. und/oder 4. Tag auf. Sollten die Symptome allerdings gar nicht verschwinden oder sogar schlimmer werden und sich noch massive Übelkeit oder Erbrechen dazugesellen, solltest du das Scheinfasten abrechen.

Wer darf und wer sollte lieber nicht scheinfasten?

5DO ist für alle geeignet, die abnehmen wollen, ihren Gesundheitsstatus bzw. ihre Stoffwechselsituation verbessern möchten oder gesund bleiben wollen. Typ-2-Diabetiker, Bluthochdruckpatienten oder Rheumatiker sollten nur in Absprache mit ihrem Arzt 5DO umsetzen, da wahrscheinlich eine Medikamentenanpassung erforderlich ist. Krebskranke müssen sich ebenfalls an ihr Therapeutenteam wenden und auf keinen Fall Selbstexperimente unternehmen. Keinesfalls geeignet ist 5DO für Schwangere, Stillende, Kinder, sehr schlanke Menschen, die wenig Muskelmasse (und Fettmasse) besitzen, Essgestörte, Frauen mit Zyklusstörungen, gebrechliche Senioren, Typ-1-Diabetiker, Personen mit Gendefekten in der Bildung oder Verwertung von Ketonkörpern sowie Menschen mit (Neigung zu) Gallensteinen.

Wie ernähre ich mich am besten nach dem Scheinfasten?

Am 6. Tag brichst du das Scheinfasten mit einem Re-Feeding. Dazu erfährst du mehr ab Seite 57. Im Anschluss an diesen Aufbautag darfst du wieder ohne Kalorieneinschränkung essen. Dir wahllos Junkfood einzuverleiben ist damit allerdings nicht gemeint. Begreife 5DO lieber als Chance, um neue Ess- und Ernährungsgewohnheiten zu etablieren. Daher empfehlen wir dir eine gesunde, ausgewogene Ernährung im mediterranen Stil. Dabei sollte der Fokus auf naturbelassenen oder gering verarbeiteten Lebensmitteln liegen (Gemüse, Pilze, Obst, Hülsenfrüchte, Nüsse, Kerne, fermentierte Milchprodukte, Fisch, Meeresfrüchte, Geflügel, Fleisch ...). Industriell stark verarbeite Lebensmittel (Weißbrot, Pizza, Frühstücksflakes, Croissants, Wurst etc.) solltest du auf ein Minimum reduzieren.

Wie oft darf ich 5DO machen?

Das hängt von deiner Ausgangssituation ab. Bist du übergewichtig – mit oder ohne Stoffwechselauffälligkeiten –, dann sechs- bis zwölfmal im Jahr, jedoch maximal einmal im Monat. Gesunde Normalgewichtige können ihren Zellen zwei- bis dreimal pro Jahr eine 5DO-Kur gönnen.

Wie kann ich mich motivieren, am Ball zu bleiben?

Suche dir Verbündete, die mit dir gemeinsam 5DO machen. Das hilft uns immer sehr, da wir Freud und Leid teilen und uns gegenseitig motivieren. Ein zusätzlicher Ansporn fürs Weitermachen sind spür- und messbare Veränderungen, die bereits am 2. Tag einsetzen (so geht etwa das Gewicht runter, der Bauchumfang schrumpft, die Ketonkörper im Urin steigen).

Kann ich 5DO machen und gleichzeitig meine Familie versorgen?

Fasten mit Familie? Klingt erst einmal nach Problem, oder? Sicherlich ist es einfacher, wenn man sich während der 5DO-Kur ausschließlich um die eigenen Bedürfnisse kümmern kann. Kinder versorgen, einem Job nachgehen und gleichzeitig fasten kann für viele Mütter und Väter zum Kraftakt werden. Meine Kinder sind zwar schon groß, aber meine Co-Autorin Franca Mangiameli weiß, wie man Fasten mit kleinen Knirpsen unter einen Hut bringt. Als berufstätige Mutter von siebenjährigen Zwillingen hat sie schon mehrfach 5DO durchgeführt – und es funktioniert. Oft hören oder lesen wir, dass man bei 5DO extra kochen muss, wenn man Familie hat. Aber mal ganz ehrlich – wie oft kocht man ohnehin separat für die Kinder, weil sie dies und das nicht mögen, vor allem in einer Phase, in der alles irgendwie »bäh« ist? Außerdem: Es sind NUR 5 Tage, die etwas mehr Flexibilität erfordern. Das Allerwichtigste, damit 5DO auch mit Familie klappt, ist eine gute Planung. Zahlreiche Rezepte lassen sich für die ganze Familie kochen oder kindgerecht abwandeln. Beliebt bei Kindern sind Gemüsesuppen, vor allem wenn kleine

Nudeln darin schwimmen. Ergänze die Scheinfastenrezepte mit Eiweiß, indem du zum Beispiel zum Spitzkohlsalat (siehe Seite 126) Fischstäbchen machst oder zu den Gemüsesticks (siehe Seite 63) Kräuterquark anbietest. 5DO ist aber auch eine gute Möglichkeit, mit den Kindern über gesunde Ernährung zu sprechen und sie neue Gerichte probieren zu lassen. Wie man damit gut umgehen kann, hat unser Testimonial Rosetta Cardillo bereits in ihrer Erfolgsstory auf Seite 30 erzählt.

Scheinfasten im Job – Ablenkung oder Stress?

Grundsätzlich sind wir der Auffassung, dass 5DO Zeit und Ruhe braucht. Doch nicht jeder kann sich für die 5-tägige Kur Urlaub nehmen. Manch einer ist sogar froh, während des Scheinfastens arbeiten zu können, weil er dann gut abgelenkt ist und die Gedanken weniger um das Essen kreisen. Wie auch immer, damit du 5DO im Berufsalltag spielend umsetzen kannst, haben wir ein paar Meal-Prep-Tipps (Meal Prep steht für *meal preparation* und bedeutet Vorkochen) für dich zusammengestellt. Vorplanen und -kochen ist sehr hilfreich, wenn man sich zeitsparend gesund ernähren möchte oder, wie in unserem Fall, 5DO auch im Berufsalltag möglichst stressfrei durchführen will. Du investierst zwar anfänglich etwas Zeit, sparst sie aber dann bei der Umsetzung wieder ein. Vorbereiten kannst du dein Essen gleich für mehrere Fastentage. Die Mahlzeiten solltest du portioniert im Kühlschrank oder in der Gefriertruhe aufbewahren. Wichtig ist, dass du dich mit dem richtigen Equipment ausstattest: Du benötigst Frischhaltedosen (Glas oder Kunststoff), die auslaufsicher, gut verschließbar und/oder gefrierfest sind, mikrowellengeeignetes Geschirr, um zum Beispiel Suppen zu erwärmen, und Schraubgläser für das Salatdressing. Besteht im Büro keine Aufwärmmöglichkeit, kann eine Thermoskanne nützlich sein, um die Suppe warm zu halten. Ideal sind auch Lunchboxen mit verschiedenen Fächern, damit du die Zutaten eines Gerichts (z. B. Salat) getrennt voneinander transportieren kannst.

Unsere 5DO-Meal-Prep-Tipps

- Plane gut im Voraus und achte darauf, dass sich möglichst viele Zutaten deiner Gerichte überschneiden, das heißt in mehreren Rezepten vorkommen. Das sorgt auch für weniger Abfall.
- Salate und sonstige Rohkostgerichte halten sich ein bis zwei Tage im Kühlschrank. Wir empfehlen dir, diese Speisen gleich in den ersten beiden Tagen zu essen. Wichtig: Den Salat solltest du erst kurz vor dem Verzehr mit Dressing anmachen, damit er nicht matschig wird.
- Suppen, Eintöpfe und Currys halten sich drei bis vier Tage, wenn du sie nach dem Kochen rasch herunterkühlst und in den Kühlschrank verfrachtest. Ihr Genuss ist daher für die Fastentage 3 und 4 geeignet. Außerdem lassen sie sich wunderbar einfrieren. Dafür solltest du sie nach der Zubereitung sofort portioniert auskühlen lassen und dann ins Gefrierfach stellen.

Bei 5DO brauche ich selten das ganze Lebensmittel auf! Wie kann ich vermeiden, dass der Rest im Abfall landet?

Lebensmittelverschwendung, oder trendy ausgedrückt »Food Waste«, ist nicht nur bei den Produzenten und Händlern ein Thema, sondern auch in den eigenen vier Wänden, vor allem dann, wenn man für sich allein kocht, was bei 5DO oft der Fall ist. Da wir bei 5DO sehr kleinlich abwiegen müssen, passiert es nicht selten, dass nur ein Teil eines Lebensmittels für ein Gericht verwendet wird. Dann bleiben schon mal eine halbe Tomate, ein Stück Wassermelone, ein paar Scheiben Gurke, Paprikastreifen oder einige Blumenkohlröschen über. Was macht man dann sinnvollerweise mit diesen Resten? Naschen ist zwar verführerisch, solltest du aber lieber nicht tun. Wegwerfen? Auf keinen Fall! Wir verraten dir ein paar Tipps, wie du Lebensmittelreste vermeiden oder sinnvoll weiterverwerten und vor der Tonne retten kannst. Damit schonst du nicht nur die Umwelt, sondern auch deinen Geldbeutel.

- Richtiges Aufwärmen ist wichtig! Gemüsesorten wie Spinat, Rote Bete, Auberginen, Fenchel oder Sellerie enthalten Nitrat, das durch Lagerung und Erwärmung zu gesundheitsbedenklichem Nitrit umgewandelt wird. Damit dieser Prozess gehemmt wird, empfehlen wir dir, Gerichte mit solchen Zutaten schnell abkühlen zu lassen und dann höchstens einmal zu erhitzen. Gleiches gilt für Pilzgerichte: Rasch abgekühlt können sie bedenkenlos ein zweites Mal erwärmt und gegessen werden.

- Die meisten Zutaten in unseren Rezepten tauchen mindestens in einem weiteren Gericht auf, sodass du sie anderweitig verwerten kannst. In den 5DO-Essensplänen ab Seite 50 haben wir genau dieses Prinzip bei der Zusammenstellung der Rezepte berücksichtigt.

- Setze auf lose Ware statt auf Vorratspackungen. Vor allem leicht verderbliche Lebensmittel kannst du auf diese Weise in kleineren Portionen kaufen (z. B. Pilze, Spinat, Salat).

- Wer beim Scheinfasten nicht unter Hunger bzw. Heißhunger leidet, sollte öfter einkaufen gehen, statt den Kühlschrank vollzupacken.

- Mit der richtigen Lagerung halten sich viele bei 5DO eingesetzten Gemüsesorten und auch Kräuter mindestens fünf Tage. Ins Gemüsefach des Kühlschranks gehören 5DO-Zutaten wie Salate, Fenchel, Brokkoli, Blumenkohl, Kohlrabi, Möhren, Pilze, Radieschen, Rosenkohl, Rotkohl, Weißkohl, Sellerie, Spinat, Pak Choi, Spargel und Petersilienwurzeln. Am besten nimmst du Gemüse und Salate aus der Folie heraus (sofern vorhanden) und wickelst sie in ein feuchtes Tuch ein. Länger genießbar sind Möhren, Kohlrabi und Radieschen, wenn du das Blattgrün abdrehst. Nicht so kühl mögen es Tomaten, Paprika, Auberginen und Zucchini. Diese Sorten kannst du außerhalb des Kühlschranks an einem kühlen und schattigen Ort lagern. Bei Obst sollten Beeren, die Starfrüchte bei 5DO, unbedingt kühl gelagert werden. Sortiere am besten schimmlige oder matschige Früchte aus, den Rest verteilst du auf einem mit Küchenpapier belegten Teller. So wird die Feuchtigkeit aufgesaugt und es bildet sich nicht so schnell Schimmel.

- Bei 5DO sammelt sich reichlich angeschnittenes Obst und Gemüse an. Die Schnittflächen sind ein idealer Ort für Keime. Daher gehören die Reste zügig in den Kühlschrank. Am besten bewahrst du Gemüse und Obst getrennt voneinander in luftdicht verschließbaren Frischhalteboxen auf. Dadurch sind sie auch noch nach drei bis fünf Tagen genießbar und können in anderen Rezepten verwendet oder am Re-Feeding-Tag aufgebraucht werden. Einfrieren ist auch eine gute Möglichkeit, um den Lebensmittelüberschuss für einen späteren Verzehr haltbar zu machen. Das ist vor allem bei Gemüsesorten sinnvoll, die für ein Gericht nicht vollständig aufgebraucht werden können, weil sie von Natur aus einen üppigen Umfang besitzen. Hierzu zählen Knollensellerie, Brokkoli oder Blumenkohl. Beliebte 5DO-Früchte sind auch Wassermelone und Papaya. Eine angeschnittene Wassermelone kannst du mit der Schnittfläche nach unten auf einen Teller legen oder in Frischhaltefolie einwickeln. Sie hält sich dann zwei bis drei Tage. Du kannst sie aber auch klein würfeln, einfrieren und nach deinem 5DO-Programm zum Beispiel zu Wassermelonen-Slush verarbeiten. Papaya hält sich, je nach Reifegrad, drei bis vier Tage im Kühlschrank. Während sich ganze Avocados je nach Reifegrad länger halten, sieht es bei halben Früchten anders aus. Kühl gelagert, mit Kern und etwas Zitronensaft an den Schnittflächen verlängert sich ihre Haltbarkeit maximal um einen Tag. Avocados solltest du daher immer innerhalb von zwei Tagen verarbeiten.

- Wir empfehlen dir, Gemüse und Obst in der Reihenfolge der Verderblichkeit zu verbrauchen. Folglich solltest du frischen Spinat, Pilze oder Pak Choi zügiger verwenden als Sellerie, Paprika oder Rosenkohl.

- Setze Tiefkühlprodukte ein! Brokkoliröschen, Rosenkohl, zerhäckselter Blumenkohl (für

Blumenkohlreis), Spinat, Bohnen oder Beeren lassen sich dann exakt portionieren. So entstehen keine Abfälle und du sparst auch noch Zeit, da das Waschen, Putzen und Schneiden entfällt.

- Hast du während 5DO fleißig Gemüsereste gesammelt? Wunderbar, am 6. Tag kommen sie für das große Re-Feeding-Reste-Essen zum Einsatz. Aus den Überbleibseln kannst du leckere Currys mit Garnelen zaubern oder das Gemüse mit Käse überbacken.

Welche Stoffwechselprozesse laufen an welchem Tag in meinem Körper ab?

Bei 5DO werden im Körper unterschiedliche Prozesse angestoßen. 12 bis 24 Stunden nach deiner letzten »normalen« Mahlzeit ist der Zuckerspeicher in der Leber fast aufgebraucht und du beginnst, Energie aus deinen eigenen Fettreserven zu gewinnen. Am 3. Tag schaffen es die meisten, in die Ketose zu kommen. Parallel startet die Autophagie, die am 4. Tag ihren Höhepunkt erreicht. Am letzten Tag kommt es zur Aktivierung von Stammzellen, die uns am 6. Tag bei der Zellerneuerung unterstützen.

Übersicht

5DO plus Re-Feeding auf einen Blick: So wirkt es!

Day 1: Zuckerspeicher wird aufgebraucht

In den ersten 12 bis 24 Stunden braucht der Körper seine Zuckerspeicher in der Leber auf und bereitet den Körper so auf den Übergang in den Fastenzustand vor.

Day 2: Metabolischer Switch zur Fettverbrennung

Blutzucker- und Insulinspiegel sinken. Die Energiegewinnung aus Fett steigt, die Ketonkörperproduktion startet und die Autophagie wird langsam hochgefahren.

Day 3: Ketose und Autophagie werden verstärkt

Die Ketose wird erreicht. Die Fettverbrennung ist auf hohem Niveau. Die Autophagie nimmt Fahrt auf. Defekte und unbrauchbare Zellbestandteile werden zerlegt und recycelt.

Day 4: Zellreinigung und -regeneration laufen weiter

Der zelluläre Reinigungsprozess dauert an. Defekte Zellbestandteile werden durch neue ersetzt und die Zellen somit regeneriert und verjüngt. Der Körper befindet sich weiterhin in Ketose.

Day 5: Stammzellenregeneration und -aktivierung

Stammzellen werden regeneriert und aktiviert. Der Körper befindet sich noch immer in Ketose. Reinigungsarbeiten laufen weiter.

Day 6: Re-Feeding – Aufbauphase beginnt

Der Fastenmodus wird beendet. Die Aufbauphase beginnt. Die stammzellenbasierte Regeneration von Zellen, Geweben und Organen startet.

Darf ich 5DO auch länger als 5 Tage am Stück machen?

2 bis 4 Kilogramm nehmen die meisten durch 5DO ab. Viele motiviert dieser rapide Gewichtsverlust, einfach weitere 5 Tage dranzuhängen oder 5DO zweimal im Monat durchzuführen. Davon möchten wir dringend abraten. Je länger du scheinfastet, dich also unterkalorisch und eiweißarm ernährst, desto größer wird die Gefahr, dass dein Grundumsatz herunterfährt. Außerdem besteht ein erhöhtes Risiko des Muskelabbaus. 5 Tage sind für die meisten gut umsetzbar. Mit jedem weiteren Tag nimmt das Durchhaltevermögen ab. Ob eine Verlängerung von 5DO auf zellulärer Ebene einen Vorteil bringt, wurde bisher nicht untersucht. Da die Autophagie vermutlich am 4. Tag ihren Höhepunkt erreicht und dann wieder abnimmt, ist ein Zugewinn über die 5 Tage hinaus aber unwahrscheinlich.

5DO-Essenspläne – vorgeplant, Zeit gespart

In diesem Abschnitt findest du eine Vorlage zur Erstellung deines individuellen 5DO-Essensplans. Damit kannst du die 5 Tage nach deinen persönlichen Geschmacksvorlieben zusammenstellen. Du bist eher busy und willst nicht zu viel Zeit in die Planung und Vorbereitung deines Essensplans stecken? Wenn du zu den Menschen gehörst, die beim Essen nicht allzu heikel sind und alles mögen, bist du mit unseren 5DO-Essensplänen gut bedient. Wir haben für dich 5 Tage vorgeplant und Speisepläne mit und ohne Frühstück erstellt, die wir noch mal nach Saison unterteilt haben. Das Einzige, was du tun musst, ist: eine Einkaufsliste schreiben, die Zutaten für deine Gerichte besorgen und sie dann in der angegebenen Reihenfolge kochen und genießen.

Mein individueller 5DO-Essensplan

Trage in diesen Vordruck deinen individuellen Essensplan für 5DO ein. In der letzten Spalte kannst du Ideen festhalten, wie du das Gericht für die Familie abwandeln oder erweitern kannst.

DAY 1	Mit Frühstück	Ohne Frühstück	Familie: Abwandlung
Frühstück			
Mittagessen			
Snack			
Abendessen			

DAY 2	Mit Frühstück	Ohne Frühstück	Familie: Abwandlung
Frühstück			
Mittagessen			
Snack			
Abendessen			

DAY 3	Mit Frühstück	Ohne Frühstück	Familie: Abwandlung
Frühstück			
Mittagessen			
Snack			
Abendessen			

DAY 4	Mit Frühstück	Ohne Frühstück	Familie: Abwandlung
Frühstück			
Mittagessen			
Snack			
Abendessen			

DAY 5	Mit Frühstück	Ohne Frühstück	Familie: Abwandlung
Frühstück			
Mittagessen			
Snack			
Abendessen			

5DO-Essensplan: geeignet für Scheinfasten in der kühleren Jahreszeit

DAY 1	Mit Frühstück	Ohne Frühstück
Frühstück	Kokosjogurt mit warmem Apfel-Nuss-Topping (S. 67)	–
Mittagessen	–	Rote-Bete-Champignon-Carpaccio (S. 105)
Snack	Latte macchiato mit Himbeeren (S. 181)	Latte macchiato mit Himbeeren (S.181)
Abendessen	Möhrentagliatelle aglio e olio mit Tomaten (S. 143)	Ofen-Spitzkohl mit Avocado-Senf-Creme (S. 155)

DAY 2	Mit Frühstück	Ohne Frühstück
Frühstück	Salatwraps (S. 79)	–
Mittagessen	–	Spitzkohlsalat mit Apfel und Pekannüssen (S. 126)
Snack	Gurkenhäppchen mit Tapenade (S. 183)	Rohkostplatte mit Macadamianüssen (S. 184)
Abendessen	Veganes Szegediner Gulasch (S. 96)	Pilz-Möhren-Gulasch mit Selleriepüree (S. 172)

DAY 3	Mit Frühstück	Ohne Frühstück
Frühstück	Obstsalat mit Nüssen und Cappuccino (S. 68)	–
Mittagessen		Fruchtig-feurige Tomaten-Paprika-Suppe (S. 87)
Snack	Latte macchiato mit Himbeeren (S. 181)	Gurkenhäppchen mit Tapenade (S. 183)
Abendessen	Rotkohlsalat mit Grapefruit und Nüssen (S. 106)	Sellerietagliatelle in Pilz-Senf-Soße (S. 147)

DAY 4	Mit Frühstück	Ohne Frühstück
Frühstück	Fruchtige Frühstücksbowl mit Möhrenraspeln (S. 76)	–
Mittagessen	–	Mediterraner Auberginensalat (S. 110)
Snack	Rohkostplatte mit Macadamianüssen (S. 184)	Latte macchiato mit Himbeeren (S. 181)
Abendessen	Minestrone à la nonna (S. 91)	Knackiges Gemüse-Curry (S. 156)

DAY 5	Mit Frühstück	Ohne Frühstück
Frühstück	Gemüsesticks mit Avocado-Kräuter-Dip (S. 63)	–
Mittagessen	–	Möhren-Sellerie-Ingwer-Suppe mit Kokos (S. 88)
Snack	Pimientos de Padrón mit Oliven und Tomaten (S. 180)	Pimientos de Padrón mit Oliven und Tomaten (S. 180)
Abendessen	Ofen-Spitzkohl mit Avocado-Senf-Creme (S. 155)	Winterlicher Salat mit Apfel und Möhrenspeck (S. 125)

5DO-Essensplan: geeignet für Scheinfasten in der wärmeren Jahreszeit

DAY 1	Mit Frühstück	Ohne Frühstück
Frühstück	Beeren-Kokos-Traum (S. 64)	–
Mittagessen	–	Erfrischender Tomaten-Erdbeer-Salat (S. 101)
Snack	Latte macchiato mit Himbeeren (S. 181)	Latte macchiato mit Himbeeren (S. 181)
Abendessen	Erfrischender Tomaten-Erdbeer-Salat (S. 101)	Spargel aus dem Ofen mit Senf-Macadamia-Soße (S. 148)

DAY 2	Mit Frühstück	Ohne Frühstück
Frühstück	Avocado-Chia-Pudding mit Beerensoße und Haselnüssen (S. 71)	–
Mittagessen	–	Sommerlicher Wassermelonen-Spargel-Salat (S. 117)
Snack	Gurkenhäppchen mit Tapenade (S. 183)	Tomaten-Melone-Caprese mit Oliven (S. 182)
Abendessen	Avocado-Gurken-Papaya-Salat Asia-Style (S. 133)	Blumenkohlsteaks mit Chimichurri (S. 144)

DAY 3	Mit Frühstück	Ohne Frühstück
Frühstück	Obstsalat mit Nüssen und Cappuccino (S. 68)	–
Mittagessen	–	Erfrischende Melonen-Tomaten-Gazpacho (S. 95)
Snack	Erfrischendes Beeren-Kokos-Sorbet (S. 185)	Tomaten-Melone-Caprese mit Oliven (S. 182)
Abendessen	Spargel aus dem Ofen mit Senf-Macadamia-Soße (S. 148)	Tomaten-Pilz-Blumisotto mit Salbei-Spargel (S. 168)

DAY 4	Mit Frühstück	Ohne Frühstück
Frühstück	Salatwraps (S. 79)	–
Mittagessen	–	Mediterraner Auberginensalat (S. 110)
Snack	Rohkostplatte mit Macadamianüssen (S. 184)	Rohkostplatte mit Macadamianüssen (S. 184)
Abendessen	Mediterrane grüne Gemüse-Bowl (S. 152)	Tomaten-Pilz-Blumisotto mit Salbei-Spargel (S. 168)

DAY 5	Mit Frühstück	Ohne Frühstück
Frühstück	Blaubeer-Avocado-Kaltschale mit Fruchtkugeln (S. 75)	–
Mittagessen	–	Rote-Bete-Champignon-Carpaccio (S. 105)
Snack	Tomaten-Melone-Caprese mit Oliven (S. 182)	Erfrischendes Beeren-Kokos-Sorbet (S. 185)
Abendessen	Sommerlicher Wassermelonen-Spargel-Salat (S. 117)	Schneller Antipasti-Teller (S. 114)

SOLEIL ROY
SOLEIL ROY

5.

Der Tag danach – das Re-Feeding

5DO dauert zwar nur 5 Tage. Aber das Re-Feeding am 6. Tag und die Ernährung danach sind enorm wichtig, damit sich die positiven Effekte des Scheinfastens richtig entfalten können. Durch die fastenimitierende Diät werden alte Zellen gereinigt oder beseitigt und es werden Stammzellen aktiviert. Diese machen sich startklar für den Verjüngungs- und Erneuerungsprozess von Zellen (z. B. Immunzellen, Zellen der Darmschleimhaut), Geweben und Organen (z. B. Muskeln). Damit das gelingt, brauchen die aktivierten Stammzellen Wachstumssignale, die durch das Fasten deaktiviert wurden. Jetzt muss man sie wieder einschalten und dafür braucht es Kalorien und insbesondere Eiweiß, das auch wieder aus tierischen Quellen stammen darf. Viele der leckeren Gerichte in diesem Kochbuch kannst du für den Aufbautag nutzen. Du musst die Rezepte für Tag 1 nur mit einer Portion Eiweiß (20 bis 30 g) ergänzen. Wie das aussehen kann und welches proteinhaltige Lebensmittel zu welcher 5DO-Speise passt, findest du als Re-Feeding-Tipp in einigen Rezepten.

Übersicht

Checkliste Day 6

1. Du darfst wieder Eiweiß essen: 20 bis 30 g Eiweiß zu jeder Hauptmahlzeit sind ideal.
2. Erhöhe heute deine Kalorienzufuhr um 800 bis 1000 Kalorien (also auf 1600 bis 1800 Kalorien).
3. Meide nach wie vor Junkfood, Zucker und Alkohol.
4. Gemüse, Früchte, Pilze und Salate bilden auch heute die Basis deiner Mahlzeiten.
5. Verwende weiterhin gesunde Fette und Öle (Olivenöl, Kokosöl) sowie gesunde fettreiche Lebensmittel (Nüsse, Oliven).
6. Genieße Kohlenhydrate mit Augenmaß. Vor allem bei der ersten Mahlzeit nach Abschluss von 5DO solltest du den Carb-Anteil gering halten, um Blutzuckerspitzen zu vermeiden.
7. Kaffee mit Milch (oder Pflanzendrink) ist wieder erlaubt, aber ohne Zucker.
8. Aktiviere deine Muskeln, um das Wachstumssignal in den Muskeln zu verstärken und den Muskelaufbau zu stimulieren.

Five Days Only – Rezepte

Einführung

Ein paar Worte zu den Rezepten wollen wir an dieser Stelle noch loswerden. Beim Einkaufen und Nachkochen solltest du folgende Dinge beachten:

Achte auf die richtige Spalte!

Jedes Hauptgericht haben wir in zwei Kalorienstufen – nämlich für Tag 1 und Tag 2 bis 5 entwickelt und berechnet. Achte beim Zubereiten auf die richtige Spalte. Die Rezeptfotos zeigen immer die Variante von Day 2–5.

Für 1 Person

Unsere Rezepte sind jeweils für 1 Person berechnet, da die meisten allein scheinfasten. Falls sich dein Partner oder deine Partnerin anschließen möchte, verdoppelst du die Menge der Zutaten einfach.

Genau sein!

Es ist wichtig, dass du dich in den kommenden 5 Tagen exakt an die Mengenangaben hältst. Vermeide daher die Pi-mal-Daumen-Methode.

Jedes Gramm zählt

Wiege deshalb Gemüse und Obst wie Möhren, Kohlrabi, Melone u. a. geschält und geputzt ab!

Ein Produkt – unterschiedliche Nährwerte

Oliven, Nüsse, Nussmus, Kokosjoghurt, Kokosmilch, Kichererbsen (aus der Dose) können je nach Hersteller in ihren Nährwerten abweichen. Kokosjoghurt ist zum Beispiel mit einem Kohlenhydratanteil von 5 bis 14 g erhältlich. Vergleichen lohnt sich. Wähle die Produkte mit dem geringsten Kohlenhydrat-, Eiweiß- und Kaloriengehalt aus. Avocados mit grüner, glatter Schale sind energieärmer als die äußerlich dunklere Hass-Avocado, weshalb die grüne Variante bevorzugt werden sollte.

Konjaknudeln – Außergewöhnliches muss auch sein

Die aus der Konjakwurzel hergestellte Nudelalternative besteht nur aus Wasser und Ballaststoffen. Dadurch ist sie kohlenhydratfrei, eiweißfrei und kalorienarm – ideal also für 5DO, weshalb wir sie in zwei Rezepten eingebaut haben.

Zusätzliche Zutaten für Day 1

Die Rezepte für Day 1 enthalten oft Zutaten, die in Day 2 nicht vorkommen. Die Extrazutaten sind direkt hinter der Kalorienstufe genannt.

Und jetzt guten Appetit!

Frühstück

Gemüsesticks mit Avocado-Kräuter-Dip

Day 1: 400–450 kcal

403 kcal, 26,8 g Fett, 17 g Kohlenhydrate, 7,4 g Eiweiß

30 g Kichererbsen aus der Dose
125 g weiches Avocadofruchtfleisch
10 g natives Olivenöl
1 TL Zitronensaft
5 g frisch gehackte Kräuter (Schnittlauch, Petersilie, Kresse)
70 g Gurke
50 g Stangensellerie
50 g Paprika
50 g Möhre (geschält gewogen)
70 g Kohlrabi (geschält gewogen)
Cayennepfeffer
Salz, schwarzer Pfeffer

Kichererbsen abtropfen lassen und mit der Avocado in einem Standmixer pürieren. In eine Schüssel umfüllen, Olivenöl, Zitronensaft und Kräuter unterrühren. Mit Salz, Pfeffer und Cayennepfeffer würzen.

Gemüse waschen, putzen, Kohlrabi und Möhren schälen. Gemüse in Stifte schneiden.

Gemüsesticks mit dem Dip servieren.

Day 2–5: 250–300 kcal

272 kcal, 15,1 g Fett, 15,9 g Kohlenhydrate, 6,6 g Eiweiß

30 g Kichererbsen aus der Dose
70 g weiches Avocadofruchtfleisch
5 g natives Olivenöl
1 TL Zitronensaft
5 g frisch gehackte Kräuter (Schnittlauch, Petersilie, Kresse)
70 g Gurke
50 g Stangensellerie
50 g Paprika
50 g Möhre (geschält gewogen)
70 g Kohlrabi (geschält gewogen)
Cayennepfeffer
Salz, schwarzer Pfeffer

Kichererbsen abtropfen lassen und mit der Avocado in einem Standmixer pürieren. In eine Schüssel umfüllen, Olivenöl, Zitronensaft und Kräuter unterrühren. Mit Salz, Pfeffer und Cayennepfeffer würzen.

Gemüse waschen, putzen, Kohlrabi und Möhren schälen. Gemüse in Stifte schneiden.

Gemüsesticks mit dem Dip servieren.

Re-Feeding-Tipp

Dippe deine Gemüsesticks in 250 g selbst gemachten Kräuterquark, denn dieser ist eine richtige Proteinbombe. Quark mit etwas Olivenöl, ein paar Spritzern Zitronensaft, Salz, Pfeffer, 2 EL frischen oder tiefgekühlten Kräutern und 1–2 EL Sprudelwasser cremig verrühren.

Beeren-Kokos-Traum

Day 1: 400–450 kcal

432 kcal, 33,8 g Fett, 19,9 g Kohlenhydrate, 5,8 g Eiweiß

80 g frische Himbeeren
50 g frische Erdbeeren
30 g frische Brombeeren
200 g Kokosjoghurt (Natur, ungesüßt)
Mark von 1 Vanilleschote (oder ⅓ TL gemahlene Vanille)
15 g Pekannüsse
10 g Kokosraspel

Die Beeren vorsichtig waschen und entstielen. Erdbeeren halbieren bzw. vierteln. 30 g Himbeeren und 25 g Erdbeeren in einem Standmixer pürieren, in eine Schüssel umfüllen und mit dem Joghurt vermischen.

Vanilleschote mit einem Messer längs aufschlitzen und das Mark herauskratzen. Vanillemark (oder gemahlene Vanille) in den Joghurt einrühren. Den Joghurt in ein Glas füllen. Die restlichen Beeren darauf verteilen.

Pekannüsse klein hacken und mit den Kokosraspeln in einer beschichteten Pfanne ohne Fett bei mittlerer Hitze rösten. Nüsse über die Beeren streuen.

Day 2–5: 250–300 kcal

279 kcal, 19,6 g Fett, 16,6 g Kohlenhydrate, 3,9 g Eiweiß

80 g frische Himbeeren
50 g frische Erdbeeren
30 g frische Brombeeren
150 g Kokosjoghurt (Natur, ungesüßt)
Mark von 1 Vanilleschote (oder ⅓ TL gemahlene Vanille)
5 g Pekannüsse
5 g Kokosraspel

Die Beeren vorsichtig waschen und entstielen. Erdbeeren halbieren bzw. vierteln. 30 g Himbeeren und 25 g Erdbeeren in einem Standmixer pürieren, in eine Schüssel umfüllen und mit dem Joghurt vermischen.

Vanilleschote mit einem Messer längs aufschlitzen und das Mark herauskratzen. Vanillemark (oder gemahlene Vanille) in den Joghurt einrühren. Den Joghurt in ein Glas füllen. Die restlichen Beeren darauf verteilen.

Pekannüsse klein hacken und mit den Kokosraspeln in einer beschichteten Pfanne ohne Fett bei mittlerer Hitze rösten. Nüsse über die Beeren streuen.

Re-Feeding-Tipp

Ganz einfach lässt sich der Eiweißgehalt erhöhen, indem du statt Kokosjoghurt 250 g Magerquark verwendest und 30 g proteinreichere Nüsse wie Mandeln, Hasel- oder Walnüsse über den Joghurt streust.

Kokosjoghurt mit warmem Apfel-Nuss-Topping

Day 1: 400–450 kcal mit Mandeln

438 kcal, 36,6 g Fett, 18,9 g Kohlenhydrate, 7,1 g Eiweiß

15 g Mandelstifte
70 g Apfel (geschält gewogen)
10 g Kokosöl
Zimt nach Geschmack
10 g Haselnussmus
150 g Kokosjoghurt (Natur, ungesüßt)

Mandelstifte in einer beschichteten Pfanne ohne Fett rösten, bis sie zu duften beginnen.

Den geschälten und entkernten Apfel in 1 cm große Würfel schneiden. In einer kleinen beschichteten Pfanne das Kokosöl erhitzen und Apfelwürfel darin kurz anbraten.

Mit Zimt bestreuen und bei niedriger Temperatur 2 Minuten garen. Anschließend das Haselnussmus einrühren und 3–4 Minuten mitgaren. Gegebenenfalls 1 EL Wasser zufügen.

Den Joghurt in eine Schüssel füllen und Apfelwürfel und Mandelstifte als Topping darauf verteilen.

Day 2–5: 250–300 kcal

300 kcal, 23,5 g Fett, 18 g Kohlenhydrate, 3,8 g Eiweiß

70 g Apfel (geschält gewogen)
5 g Kokosöl
Zimt nach Geschmack
10 g Haselnussmus
150 g Kokosjoghurt (Natur, ungesüßt)

Den geschälten und entkernten Apfel in 1 cm große Würfel schneiden. In einer kleinen beschichteten Pfanne das Kokosöl erhitzen und Apfelwürfel darin kurz anbraten.

Mit Zimt bestreuen und bei niedriger Temperatur 2 Minuten garen. Anschließend das Haselnussmus einrühren und 3–4 Minuten mitgaren. Gegebenenfalls 1 EL Wasser zufügen.

Den Joghurt in eine Schüssel füllen und die Apfelwürfel als Topping darauf verteilen.

Refeeding-Tipp

Eine Extraportion Eiweiß packst du in dieses Frühstück, indem du den Kokosjoghurt mit 150 g Magerquark vermischst und die Menge an Mandeln auf 30 g erhöhst.

Obstsalat mit Nüssen und Cappuccino

Day 1: 400–450 kcal

402 kcal, 30,9 Fett, 15,8 g Kohlenhydrate, 6,9 g Eiweiß

70 g Himbeeren
50 g Brombeeren
50 g Papaya (geschält gewogen)
50 g Grapefruit (geschält gewogen)
3 Blättchen frische Minze
1 Bio-Zitrone
40 g Pekannüsse
1 Espresso (ca. 60 ml)
100 ml Mandeldrink (geröstet, ungesüßt)
etwas Zimt

Beeren vorsichtig waschen und entstielen. Papaya in 1 cm große Würfel schneiden. Die Grapefruitfilets aus der Haut lösen und klein schneiden. Minze waschen und in feine Streifen schneiden. Zitrone waschen, abtrocknen, ½ TL Schale abreiben und 1 TL Saft auspressen. Die Früchte in eine Schüssel geben und mit Zitronensaft, Zitronenabrieb und Minze vermengen.

Pekannüsse in einer beschichteten Pfanne ohne Fett rösten und unter den Obstsalat heben.

Espresso zubereiten. Mandeldrink mit einem Milchaufschäumer aufschäumen und in eine Trasse geben. Den Espresso seitlich eingießen. Cappuccino mit Zimt bestreuen und mit dem Obstsalat genießen.

Day 2–5: 250–300 kcal

292 kcal, 20,1 Fett, 15,1 g Kohlenhydrate, 5,3 g Eiweiß

70 g Himbeeren
50 g Brombeeren
50 g Papaya (geschält gewogen)
50 g Grapefruit (geschält gewogen)
3 Blättchen frische Minze
1 Bio-Zitrone
25 g Pekannüsse
1 Espresso (ca. 60 ml)
100 ml Mandeldrink (geröstet, ungesüßt)
etwas Zimt

Beeren vorsichtig waschen und entstielen. Papaya in 1 cm große Würfel schneiden. Die Grapefruitfilets aus der Haut lösenund klein schneiden. Minze waschen und in feine Streifen schneiden. Zitrone waschen, abtrocknen, ½ TL Schale abreiben und 1 TL Saft auspressen. Die Früchte in eine Schüssel geben und mit Zitronensaft, Zitronenabrieb und Minze vermengen.

Pekannüsse in einer beschichteten Pfanne ohne Fett rösten und unter den Obstsalat heben.

Espresso zubereiten. Mandeldrink mit einem Milchaufschäumer aufschäumen und in eine Trasse geben. Den Espresso seitlich eingießen. Cappuccino mit Zimt bestreuen und mit dem Obstsalat genießen.

Avocado-Chia-Pudding mit Beerensoße und Haselnüssen

Day 1: 400–450 kcal

428 kcal, 32,2 Fett, 13,4 g Kohlenhydrate, 8,9 g Eiweiß

10 g Chiasamen
100 g weiches Avocadofruchtfleisch
150 g frische Erdbeeren (oder TK-Erdbeeren bzw. -Himbeeren)
25 g Haselnüsse
1 Vanilleschote (oder ⅓ TL gemahlene Vanille)
1 TL Limettensaft
2–3 Blätter frisches Basilikum

Chiasamen in ein Glas geben und gut mit 150 ml Wasser verrühren. Mindestens 30 Minuten in den Kühlschrank stellen und quellen lassen. Zwischendurch 1–2 Mal umrühren.

Avocadofruchtfleisch in Scheiben schneiden, in eine gefrierfeste Form legen und mindestens 30 Minuten ins Gefrierfach stellen.

Erdbeeren waschen und entstielen. Die Hälfte der Beeren in einem Standmixer pürieren. Die andere Hälfte in Scheiben schneiden. Nüsse in einer Pfanne ohne Fett rösten.

Einen Teil der Erdbeerscheiben an den Glasrand stellen. Vanilleschote mit einem Messer der Länge nach aufschlitzen und das Mark herauskratzen.

Avocado, Chiasamen, Limettensaft und Vanillemark (oder gemahlene Vanille) in einem Standmixer pürieren. Avocadocreme in das Glas füllen und das Erdbeerpüree darauf verteilen. Die restlichen Erdbeerscheiben und die Haselnüsse als Topping daraufgeben. Basilikum waschen, in Streifen schneiden und darüberstreuen.

Day 2–5: 250–300 kcal

294 kcal, 20,9 Fett, 10,7 g Kohlenhydrate, 6,3 g Eiweiß

10 g Chiasamen
75 g weiches Avocadofruchtfleisch
125 g frische Erdbeeren (oder TK-Erdbeeren bzw. -Himbeeren)
12 g Haselnüsse
1 Vanilleschote (oder ⅓ TL gemahlene Vanille)
1 TL Limettensaft
2–3 Blätter frisches Basilikum

Chiasamen in ein Glas geben und gut mit 150 ml Wasser verrühren. Mindestens 30 Minuten in den Kühlschrank stellen und quellen lassen. Zwischendurch 1–2 Mal umrühren.

Avocadofruchtfleisch in Scheiben schneiden, in eine gefrierfeste Form legen und mindestens 30 Minuten ins Gefrierfach stellen.

Erdbeeren waschen und entstielen. Die Hälfte der Beeren in einem Standmixer pürieren. Die andere Hälfte in Scheiben schneiden. Nüsse in einer Pfanne ohne Fett rösten.

Einen Teil der Erdbeerscheiben an den Glasrand stellen. Vanilleschote mit einem Messer der Länge nach aufschlitzen und das Mark herauskratzen.

Avocado, Chiasamen, Limettensaft und Vanillemark (oder gemahlene Vanille) in einem Standmixer pürieren. Avocadocreme in das Glas füllen und das Erdbeerpüree darauf verteilen. Die restlichen Erdbeerscheiben und die Haselnüsse als Topping daraufgeben. Basilikum waschen, in Streifen schneiden und darüberstreuen.

Fruchtiger grüner Avocado-Frühstücks-Smoothie mit Ingwer

Day 1: 400–450 kcal mit Kokosöl und Mandelmus

422 kcal, 29,5 Fett, 19 g Kohlenhydrate, 6,9 g Eiweiß

1 Handvoll (10 g) Babyspinat
40 g grüner Apfel (Granny Smith, geschält gewogen)
200 g Gurke
60 g Kiwi (geschält gewogen)
1 daumengroßes Stück Ingwer
125 g weiches Avocadofruchtfleisch
1–2 TL Limettensaft
3–4 Eiswürfel
150 ml Mandeldrink (geröstet, ungesüßt)
5 g Kokosöl
10 g weißes Mandelmus

Spinat waschen und verlesen. Apfel schälen, entkernen und grob würfeln. Gurke waschen und in Würfel schneiden. Kiwi schälen und halbieren. Ingwer schälen.

Alle Zutaten in einen Hochleistungsstandmixer geben und pürieren. Je nach gewünschter Konsistenz noch kaltes Wasser zufügen.

Day 2–5: 250–300 kcal

260 kcal, 14 Fett, 17,7 g Kohlenhydrate, 4,1 g Eiweiß

1 Handvoll (10 g) Babyspinat
40 g grüner Apfel (Granny Smith, geschält gewogen)
200 g Gurke
60 g Kiwi (geschält gewogen)
1 daumengroßes Stück Ingwer
90 g weiches Avocadofruchtfleisch
1–2 TL Limettensaft
3–4 Eiswürfel
150 ml Mandeldrink (geröstet, ungesüßt)

Spinat waschen und verlesen. Apfel schälen, entkernen und grob würfeln. Gurke waschen und in Würfel schneiden. Kiwi schälen und halbieren. Ingwer schälen.

Alle Zutaten in einen Hochleistungsstandmixer geben und pürieren. Je nach gewünschter Konsistenz noch kaltes Wasser zufügen.

Blaubeer-Avocado-Kaltschale mit Fruchtkugeln

Day 1: 400–450 kcal

415 kcal, 28,8 Fett, 17,9 g Kohlenhydrate, 8,3 g Eiweiß

20 g Mandelblättchen
½ Bio-Limette
70 g Blaubeeren (frisch oder TK)
1 Vanilleschote (oder ⅓ TL gemahlene Vanille)
4–5 Blätter frische Minze
110 g weiches Avocadofruchtfleisch
3 Eiswürfel (wenn frische Blaubeeren verwendet werden)
125 ml Mandeldrink (geröstet, ungesüßt)
60 g Papaya (geschält gewogen)
60 g Wassermelone (geschält gewogen, ohne Kerne)

Mandelblättchen in einer Pfanne ohne Fett rösten. Limette heiß abwaschen, abtrocknen und die Schale abreiben. Frucht auspressen.

Beeren waschen. Vanilleschote mit einem Messer aufschlitzen und das Mark herauskratzen. Minze waschen. Avocado, Beeren, Eiswürfel (bei TK-Beeren nicht nötig), Limettensaft, Mandeldrink, 2 Minzblätter und Vanillemark (oder gemahlene Vanille) in einem Standmixer pürieren und anschließend in einen tiefen Teller umfüllen.

Papaya entkernen und mit einem Kugelausstecher aus dem Fruchtfleisch Kugeln ausstechen. Aus dem Melonenfruchtfleisch ebenfalls Kugeln ausstechen. Die Fruchtkugeln in die Kaltschale setzen. Mandelblättchen mittig auf der Suppe verteilen. Restliche Minze in Streifen schneiden und mit dem Limettenabrieb darüberstreuen.

Day 2–5: 250–300 kcal

288 kcal, 18,9 Fett, 14,6 g Kohlenhydrate, 5,3 g Eiweiß

10 g Mandelblättchen
½ Bio-Limette
60 g Blaubeeren (frisch oder TK)
1 Vanilleschote (oder ⅓ TL gemahlene Vanille)
4–5 Blätter frische Minze
80 g weiches Avocadofruchtfleisch
3 Eiswürfel (wenn frische Blaubeeren verwendet werden)
100 ml Mandeldrink (geröstet, ungesüßt)
50 g Papaya (geschält gewogen)
50 g Wassermelone (geschält gewogen, ohne Kerne)

Mandelblättchen in einer Pfanne ohne Fett rösten. Limette heiß abwaschen, abtrocknen und die Schale abreiben. Frucht auspressen.

Beeren waschen. Vanilleschote mit einem Messer aufschlitzen und das Mark herauskratzen. Minze waschen. Avocado, Beeren, Eiswürfel (bei TK-Beeren nicht nötig), Limettensaft, Mandeldrink, 2 Minzblätter und Vanillemark (oder gemahlene Vanille) in einem Standmixer pürieren und anschließend in einen tiefen Teller umfüllen.

Papaya entkernen und mit einem Kugelausstecher aus dem Fruchtfleisch Kugeln ausstechen. Aus dem Melonenfruchtfleisch ebenfalls Kugeln ausstechen. Die Fruchtkugeln in die Kaltschale setzen. Mandelblättchen mittig auf der Suppe verteilen. Restliche Minze in Streifen schneiden und mit dem Limettenabrieb darüberstreuen.

Fruchtige Frühstücksbowl mit Möhrenraspeln

Day 1: 400–450 kcal mit Haselnussmus

434 kcal, 34,2 Fett, 18,8 g Kohlenhydrate, 7,8 g Eiweiß

50 g Grapefruit (geschält gewogen)
170 g Kokosjoghurt (Natur, ungesüßt)
etwas gemahlene Vanille
30 g Möhre (geschält und geraspelt gewogen)
30 g Apfel (Braeburn)
ein paar Spritzer Zitronensaft
3 g Chiasamen
5 g gehackte Pistazien
10 g gehackte Pekannüsse
5 g Kokosraspel
10 g Haselnussmus

Grapefruitfilets aus der Haut lösen, dabei den Saft auffangen. Grapefruitsaft in einer flachen Schale mit dem Kokosjoghurt und etwas gemahlener Vanille verrühren.

Möhre schälen, putzen und grob raspeln. Apfel waschen, entkernen und ebenfalls grob raspeln. Apfelraspel mit ein paar Spritzern Zitronensaft beträufeln.

Grapefruitfilets, Apfel- und Möhrenraspel, Chiasamen, Pistazien, Pekannüsse und Kokosraspel nebeneinander in Streifen auf dem Joghurt verteilen.

Haselnussmus darübergeben.

Day 2–5: 250–300 Kcal

290 kcal, 20,6 Fett, 17,1 g Kohlenhydrate, 5,1 g Eiweiß

50 g Grapefruit (geschält gewogen)
150 g Kokosjoghurt (Natur, ungesüßt)
etwas gemahlene Vanille
30 g Möhre (geschält und geraspelt gewogen)
30 g Apfel (Braeburn)
ein paar Spritzer Zitronensaft
2 g Chiasamen
5 g gehackte Pistazien
5 g gehackte Pekannüsse
3 g Kokosraspel

Grapefruitfilets aus der Haut lösen, dabei den Saft auffangen. Grapefruitsaft in einer flachen Schale mit dem Kokosjoghurt und etwas gemahlener Vanille verrühren.

Möhre schälen, putzen und grob raspeln. Apfel waschen, entkernen und ebenfalls grob raspeln. Apfelraspel mit ein paar Spritzern Zitronensaft beträufeln.

Grapefruitfilets, Apfel- und Möhrenraspel, Chiasamen, Pistazien, Pekannüsse und Kokosraspel nebeneinander in Streifen auf dem Joghurt verteilen.

Salatwraps

Day 1: 400–450 kcal 3 Stück

407 kcal, 27,6 Fett, 17,2 g Kohlenhydrate, 8,4 g Eiweiß

6 große Blätter Kopfsalat
40 g Gurke, 40 g rote Paprika oder Spitzpaprika
40 g Fleischtomate
120 g weiches Avocadofruchtfleisch
8 Blätter frische Minze
2 Handvoll frischer Koriander, 6 Softtomaten
35 g Kichererbsen aus der Dose
10 g natives Olivenöl, 1 TL Zitronensaft
gemahlener Kreuzkümmel
Salz, schwarzer Pfeffer

Salatblätter waschen, trocken schütteln und die Blattrippen ggf. anschneiden, sodass die Blätter flach sind. Gurke und Paprika waschen, putzen und in Stifte schneiden. Tomate waschen, Stielansatz und Kerne entfernen und Fruchtfleisch in Streifen schneiden. Avocadofruchtfleisch ebenfalls in Scheiben schneiden. Kräuter waschen. Softtomaten längs halbieren

Kichererbsen abgießen, dabei 2–3 TL Einlegwasser aufbewahren. Kichererbsenwasser, Kichererbsen, 60 g Avocado, Olivenöl, Zitronensaft und Kreuzkümmel in einem Standmixer pürieren. In eine Schüssel umfüllen und mit Salz und Pfeffer würzen.

Jeweils 2 Salatblätter etwas überlappend nebeneinanderlegen und mit ⅓ des Kichererbsen-Avocado-Aufstrichs bestreichen. Jeweils ⅓ der Gurken-, Paprika-, Tomaten- und restlichen Avocadostreifen darauflegen. Jeweils ⅓ der Softtomaten und Kräuter darauf verteilen. Die Salatblätter fest aufrollen. Vorgang 2 Mal wiederholen, bis alle Zutaten aufgebraucht sind.

Day 2–5: 250–300 kcal 2 Stück

260 kcal, 16 Fett, 12,8 g Kohlenhydrate, 6,1 g Eiweiß

4 große Blätter Kopfsalat
30 g Gurke, 30 g rote Paprika oder Spitzpaprika
30 g Fleischtomate
70 g weiches Avocadofruchtfleisch
6 Blätter frische Minze
1 Handvoll frischer Koriander, 4 Softtomaten
30 g Kichererbsen aus der Dose
1 TL natives Olivenöl, 1 TL Zitronensaft
gemahlener Kreuzkümmel
Salz, schwarzer Pfeffer

Salatblätter waschen, trocken schütteln und die Blattrippen ggf. anschneiden, sodass die Blätter flach sind. Gurke und Paprika waschen, putzen und in Stifte schneiden. Tomate waschen, Stielansatz und Kerne entfernen und Fruchtfleisch in Streifen schneiden. Avocadofruchtfleisch ebenfalls in Scheiben schneiden. Kräuter waschen. Softtomaten längs halbieren

Kichererbsen abgießen, dabei 2–3 TL Einlegwasser aufbewahren. Kichererbsenwasser, Kichererbsen, 30 g Avocado, Olivenöl, Zitronensaft und Kreuzkümmel in einem Standmixer pürieren. In eine Schüssel umfüllen und mit Salz und Pfeffer würzen.

Jeweils 2 Salatblätter etwas überlappend nebeneinanderlegen und mit der Hälfte des Kichererbsen-Avocado-Aufstrichs bestreichen. Jeweils die Hälfte der Gurken-, Paprika-, Tomaten- und restlichen Avocadostreifen darauflegen. Jeweils die Hälfte der Softtomaten und Kräuter darauf verteilen. Die Salatblätter fest aufrollen und Vorgang wiederholen, bis alle Zutaten aufgebraucht sind.

Suppen und Eintöpfe

Spinat-Kokos-Suppe mit Limette

Day 1: 400–450 kcal

435 kcal, 38,9 g Fett, 12,2 g Kohlenhydrate, 9,2 g Eiweiß

150 ml vegane Gemüsebrühe
250 g Babyspinat
25 g Schalotte
1 kleine Knoblauchzehe,
1 daumengroßes Stück Ingwer
5 g Kokosflocken
½ Bio-Limette, 10 g Kokosöl
⅓ TL Currypulver
125 g Kokosmilch (gut geschüttelt)
25 g (1 EL) Kokosjoghurt (Natur, ungesüßt)
Chiliflocken
Salz, bunter Pfeffer aus der Mühle

Gemüsebrühe in einem Topf erhitzen. Spinat waschen und verlesen. Schalotte schälen und fein hacken. Knoblauch abziehen und fein hacken. Ingwer schälen und fein reiben. Kokosflocken in einer beschichteten Pfanne ohne Fett rösten, bis sie Farbe annehmen. Limette heiß abwaschen, abtrocknen, die Schale abreiben und 1 EL Saft auspressen.

Kokosöl in einem Topf erhitzen. Schalotte und Knoblauch darin anbraten. Ingwer und Currypulver zufügen und kurz mitrösten. Spinat zugeben und so lange verrühren, bis er zusammengefallen ist. Die Gemüsebrühe angießen und Spinat 2–3 Minuten köcheln lassen. Dann Suppe mit dem Stabmixer fein pürieren (ggf. durch ein Sieb passieren, damit sie noch feiner wird). Limettensaft und Kokosmilch einrühren und Suppe kurz aufkochen lassen. Nach Belieben mit Salz und Pfeffer würzen.

Suppe in einen tiefen Teller füllen und einen Klecks Kokosjoghurt in die Mitte setzen. Mit Kokosflocken, Limettenabrieb und Chiliflocken nach Belieben bestreuen.

Day 2–5: 250–300 kcal

296 kcal, 25,5 g Fett, 10,1 g Kohlenhydrate, 6,6 g Eiweiß

150 ml vegane Gemüsebrühe
170 g Babyspinat
25 g Schalotte
1 kleine Knoblauchzehe
1 daumengroßes Stück Ingwer
5 g Kokosflocken
½ Bio-Limette, 10 g Kokosöl
⅓ TL Currypulver
80 g Kokosmilch (gut geschüttelt)
25 g (1 EL) Kokosjoghurt (Natur, ungesüßt)
Chiliflocken
Salz, bunter Pfeffer aus der Mühle

Gemüsebrühe in einem Topf erhitzen. Spinat waschen und verlesen. Schalotte schälen und fein hacken. Knoblauch abziehen und fein hacken. Ingwer schälen und fein reiben. Kokosflocken in einer beschichteten Pfanne ohne Fett rösten, bis sie Farbe annehmen. Limette heiß abwaschen, abtrocknen, die Schale abreiben und 1 EL Saft auspressen.

Kokosöl in einem Topf erhitzen. Schalotte und Knoblauch darin anbraten. Ingwer und Currypulver zufügen und kurz mitrösten. Spinat zugeben und so lange verrühren, bis er zusammengefallen ist. Die Gemüsebrühe angießen und Spinat 2–3 Minuten köcheln lassen. Dann Suppe mit dem Stabmixer fein pürieren (ggf. durch ein Sieb passieren, damit sie noch feiner wird). Limettensaft und Kokosmilch einrühren und Suppe kurz aufkochen lassen. Nach Belieben mit Salz und Pfeffer würzen.

Suppe in einen tiefen Teller füllen und einen Klecks Kokosjoghurt in die Mitte setzen. Mit Kokosflocken, Limettenabrieb und Chiliflocken nach Belieben bestreuen.

Re-Feeding-Tipp

Zwei gebratene Eiweißspieße sind eine wunderbare eiweißreiche Ergänzung zu dieser köstlichen Suppe

Fenchel-Apfel-Suppe

Day 1: 400–450 kcal

406 kcal, 34,1 g Fett, 18,2 g Kohlenhydrate, 6,6 g Eiweiß

200 g Fenchel
60 g säuerlicher Apfel (geschält gewogen)
25 g Schalotte
5 g Ingwer
10 g Kokosöl
½ TL Currypulver
⅓ TL gemahlener Kardamom
120 g Kokosmilch
Chilipulver
schwarzer Pfeffer
Salz

Fenchel waschen, putzen, Grün entfernen und beiseitelegen. Fenchel in grobe Stücke schneiden. Apfel schälen, entkernen und grob würfeln.

Schalotte schälen und vierteln. Ingwer schälen und reiben.

Kokosöl in einem hohen Topf erhitzen. Schalotte darin bei mittlerer Hitze andünsten. Fenchel hinzufügen. Currypulver, Kardamom und Ingwer unterrühren und kurz mitgaren. So viel Wasser zugießen, dass das Gemüse damit bedeckt ist (ca. 300 ml). Apfel zugeben. Mit Salz würzen. Suppe bei niedriger Temperatur 10 Minuten köcheln lassen, anschließend mit einem Stabmixer pürieren. Kokosmilch bis auf 1 TL in die Suppe rühren und 2 Minuten köcheln lassen.

Suppe in einen tiefen Teller füllen. Die restliche Kokosmilch darüberträufeln, Fenchelgrün darüberstreuen und nach Belieben mit Pfeffer und Chili würzen.

Day 2–5: 250–300 Kcal

282 kcal, 21,4 g Fett, 16,9 g Kohlenhydrate, 5,6 g Eiweiß

170 g Fenchel
60 g säuerlicher Apfel (geschält gewogen)
25 g Schalotte
5 g Ingwer
5 g Kokosöl
½ TL Currypulver
⅓ TL gemahlener Kardamom
80 g Kokosmilch
Chilipulver
schwarzer Pfeffer
Salz

Fenchel waschen, putzen, Grün entfernen und beiseitelegen. Fenchel in grobe Stücke schneiden. Apfel schälen, entkernen und grob würfeln.

Schalotte schälen und vierteln. Ingwer schälen und reiben.

Kokosöl in einem hohen Topf erhitzen. Schalotte darin bei mittlerer Hitze andünsten. Fenchel hinzufügen. Currypulver, Kardamom und Ingwer unterrühren und kurz mitgaren. So viel Wasser zugießen, dass das Gemüse damit bedeckt ist (ca. 250 ml). Apfel zugeben. Mit Salz würzen. Suppe bei niedriger Temperatur 10 Minuten köcheln lassen, anschließend mit einem Stabmixer pürieren. Kokosmilch bis auf 1 TL in die Suppe rühren und 2 Minuten köcheln lassen.

Suppe in einen tiefen Teller füllen. Die restliche Kokosmilch darüberträufeln, Fenchelgrün darüberstreuen und nach Belieben mit Pfeffer und Chili würzen.

Refeeding-Tipp

Als Proteinquelle und Suppeneinlage eignen sich z.B. 100 g Shrimps oder geräucherte Forellenfilets.

Fruchtig-feurige Tomaten-Paprika-Suppe

Day 1: 400–450 kcal mit Kürbiskernen und Kokosmilch

405 kcal, 30,6 g Fett, 20 g Kohlenhydrate, 8,9 g Eiweiß

10 g Kürbiskerne
1 kleine rote Paprika (140 g)
20 g rote Zwiebel
25 g natives Olivenöl
15 g Tomatenmark
100 g passierte Tomaten (aus der Packung)
Chilipulver
30 g Cocktailtomaten
2 EL Kresse
1 EL Kokosmilch
Salz, schwarzer Pfeffer

Kürbiskerne in einer Pfanne ohne Fett rösten.

Paprika waschen, halbieren, putzen und mit einem Sparschäler häuten. Schote klein schneiden. Zwiebel schälen und grob zerteilen.

Olivenöl in einem Topf erhitzen. Paprika und Zwiebeln darin 1 Minute anbraten. Tomatenmark einrühren und kurz mitrösten. Mit passierten Tomaten und 150–200 ml Wasser ablöschen und Suppe 15 Minuten bei niedriger Temperatur köcheln lassen. Anschließend mit einem Stabmixer fein pürieren. Mit Salz, Pfeffer und Chilipulver nach Belieben würzen und weitere 5 Minuten köcheln lassen. Gegebenenfalls etwas Wasser nachgießen.

Tomaten waschen, halbieren und kurz vor dem Servieren in die Suppe geben und mitkochen. Suppe in einen tiefen Teller füllen, mit Kresse und Kürbiskernen bestreuen und mit der Kokosmilch beträufeln.

Day 2–5: 250–300 kcal

273 kcal, 19,4 g Fett, 17,4 g Kohlenhydrate, 4,6 g Eiweiß

1 kleine rote Paprika (140 g)
20 g rote Zwiebel
20 g natives Olivenöl
10 g Tomatenmark
80 g passierte Tomaten (aus der Packung)
Chilipulver
30 g Cocktailtomaten
2 EL Kresse
Salz, schwarzer Pfeffer

Paprika waschen, halbieren und mit einem Sparschäler häuten. Schote klein schneiden. Zwiebel schälen und grob zerteilen.

Olivenöl in einem Topf erhitzen. Paprika und Zwiebeln darin 1 Minute anbraten. Tomatenmark einrühren und kurz mitrösten. Mit passierten Tomaten und 150 ml Wasser ablöschen und Suppe 15 Minuten bei niedriger Temperatur köcheln lassen. Anschließend mit einem Stabmixer fein pürieren. Mit Salz, Pfeffer und Chilipulver nach Belieben würzen und weitere 5 Minuten köcheln lassen. Gegebenenfalls etwas Wasser nachgießen.

Tomaten waschen, halbieren und kurz vor dem Servieren in die Suppe geben und mitkochen. Suppe in einen tiefen Teller füllen und mit Kresse bestreuen.

Möhren-Sellerie-Ingwer-Suppe mit Kokos

Day 1: 400–450 kcal mit Kokoschips

440 kcal, 36,1 g Fett, 14,6 g Kohlenhydrate, 5,9 g Eiweiß

150 g Möhren (geschält gewogen)
100 g Knollensellerie
25 g Schalotte
10 g Ingwer
10 g Kokosöl
Cayennepfeffer
120 g Kokosmilch
1 EL (10 ml) frischer Zitronensaft
2 EL frisch gehackter Koriander
5 g geröstete Kokoschips
Salz, schwarzer Pfeffer

Möhre putzen, schälen und in dicke Scheiben schneiden. Knollensellerie schälen und würfeln. Schalotte schälen und vierteln. Ingwer schälen und klein schneiden.

Kokosöl in einem tiefen Topf erhitzen. Schalotte darin kurz anbraten. Möhre, Sellerie und Ingwer hinzufügen und 2 Minuten mitbraten. So viel Wasser zugießen, dass das Gemüse damit bedeckt ist. Mit Salz, Pfeffer und Cayennepfeffer würzen.

Gemüse 10–12 Minuten köcheln lassen, bis es weich ist. Dann die Suppe mit einem Stabmixer pürieren. Kokosmilch und Zitronensaft einrühren und Suppe kurz aufkochen lassen. Mit gehacktem Koriander und Kokoschips bestreuen.

Day 2–5: 250–300 kcal

291 kcal, 20,5 g Fett, 13,4 g Kohlenhydrate, 4,9 g Eiweiß

150 g Möhren (geschält gewogen)
100 g Knollensellerie
25 g Schalotte
10 g Ingwer
5 g Kokosöl
Cayennepfeffer
80 g Kokosmilch
1 EL (10 ml) frischer Zitronensaft
2 EL frisch gehackter Koriander
Salz, schwarzer Pfeffer

Möhre schälen, putzen und in dicke Scheiben schneiden. Knollensellerie schälen und würfeln. Schalotte schälen und vierteln. Ingwer schälen und klein schneiden.

Kokosöl in einem tiefen Topf erhitzen. Schalotte darin kurz anbraten. Möhre, Sellerie und Ingwer hinzufügen und 2 Minuten mitbraten. So viel Wasser zugießen, dass das Gemüse damit bedeckt ist. Mit Salz, Pfeffer und Cayennepfeffer würzen.

Gemüse 10–12 Minuten köcheln lassen, bis es weich ist. Dann die Suppe mit einem Stabmixer pürieren. Kokosmilch und Zitronensaft einrühren und Suppe kurz aufkochen lassen. Mit gehacktem Koriander bestreuen.

Minestrone à la nonna

Day 1: 400–450 kcal mit Erbsen

405 kcal, 29 g Fett, 19,1 g Kohlenhydrate, 8 g Eiweiß

150 g Zucchini (geschält gewogen)
100 g Möhren (geschält gewogen)
100 g Strauchtomaten
20 g Schalotte
30 g natives Olivenöl
25 g Tomatenmark
25 g TK-Erbsen
1 EL gehackte TK-Petersilie
Chilipulver
Salz, schwarzer Pfeffer aus der Mühle

Zucchini und Möhren putzen, schälen und in kleine Würfel schneiden. Tomaten mit einem Sparschäler häuten und anschließend klein würfeln. Schalotte schälen und fein hacken.

25 g Olivenöl in einem Topf erhitzen. Schalotte, Zucchini und Möhren darin 1 Minute kräftig anbraten. Tomatenmark zufügen und 30 Sekunden mitrösten. Tomatenstücke unterrühren. So viel Wasser zugießen, dass das Gemüse gut damit bedeckt ist. Erbsen hinzugeben. Mit Salz und Pfeffer würzen.

Die Suppe bei niedriger Temperatur 15 Minuten köcheln lassen. Kurz vor dem Servieren die Petersilie untermischen. Suppe in einen tiefen Teller geben, mit dem restlichen Öl beträufeln und nach Belieben mit Pfeffer und Chilipulver abschmecken.

Day 2–5: 250–300 kcal

289 kcal, 19,5 g Fett, 15,5 g Kohlenhydrate, 6 g Eiweiß

150 g Zucchini (geschält gewogen)
100 g Möhren (geschält gewogen)
100 g Strauchtomaten
20 g Schalotte
20 g natives Olivenöl
20 g Tomatenmark
1 EL gehackte TK-Petersilie
Chilipulver
Salz, schwarzer Pfeffer aus der Mühle

Zucchini und Möhren putzen, schälen und in kleine Würfel schneiden. Tomaten mit einem Sparschäler häuten und anschließend klein würfeln. Schalotte schälen und fein hacken.

15 g Olivenöl in einem Topf erhitzen. Schalotte, Zucchini und Möhren darin 1 Minute kräftig anbraten. Tomatenmark zufügen und 30 Sekunden mitrösten. Tomatenstücke unterrühren. So viel Wasser zugießen, dass das Gemüse gut damit bedeckt ist. Mit Salz und Pfeffer würzen.

Die Suppe bei niedriger Temperatur 15 Minuten köcheln lassen. Kurz vor dem Servieren die Petersilie untermischen. Suppe in einen tiefen Teller geben, mit dem restlichen Öl beträufeln und nach Belieben mit Pfeffer und Chili abschmecken.

Re-Feeding-Tipp

Kichererbsen machen nicht nur pappsatt, sie sind auch eine hervorragende Ergänzug zu dieser Suppe. Tipp: Kurz vor Ende der Garzeit 100–150 Kichererbsen (aus dem Glas) mitkochen.

Orientalische Blumenkohlsuppe mit Röstzwiebeln

Day 1: 400–450 kcal mit Mandeln

418 kcal, 34,8 g Fett, 12,4 g Kohlenhydrate, 8,3 g Eiweiß

5 g Mandelblättchen
170 g Blumenkohl (frisch oder TK)
80 g rote Zwiebel
25 g natives Olivenöl
15 g Cashewnussmus
125 ml Mandeldrink (geröstet, ungesüßt)
⅓ TL Ras el-Hanout (orientalische Gewürzmischung)
1–2 TL Zitronensaft
2 g frisch gehackte Blattpetersilie
2 g frisch gehackter Koriander, Chilipulver
Salz, schwarzer Pfeffer

Mandelblättchen in einer Pfanne ohne Fett rösten. Vom frischen Blumenkohl die Röschen abschneiden und waschen (TK-Blumenkohl einfach später zur Suppe geben). Zwiebel schälen und in feine Ringe schneiden.

10 g Olivenöl in einem Topf erhitzen und die Hälfte der Zwiebel darin anbraten. Blumenkohlröschen dazugeben und rundherum anbraten. Cashewnussmus einrühren, kurz mitrösten und dann mit der Hälfte des Mandeldrinks und so viel Wasser ablöschen, dass die Röschen mit Flüssigkeit bedeckt sind. Mit Ras el-Hanout, Salz und Pfeffer würzen. Blumenkohl in 10–12 Minuten bei niedriger Hitze weich garen.

In der Zwischenzeit 10 g Olivenöl in einer kleinen beschichteten Pfanne erhitzen und die restlichen Zwiebelringe darin kräftig anbraten, bis sie leicht knusprig sind. Nicht verbrennen lassen! Zwiebel mit Salz und etwas Ras el-Hanout würzen.

Blumenkohlsuppe mit einem Stabmixer pürieren, anschließend den restlichen Mandeldrink einrühren und je nach Konsistenz noch Wasser nachgießen. Suppe kurz aufkochen lassen, dann mit Zitronensaft abschmecken. In einen tiefen Teller füllen und die gebratenen Zwiebelringe darauf verteilen. Mit den Kräutern und Mandelblättchen bestreuen und mit dem restlichen Öl beträufeln. Nach Belieben mit Salz, Pfeffer und Chilipulver abschmecken.

Day 2–5: 250–300 kcal

272 kcal, 20,6 g Fett, 10,9 g Kohlenhydrate, 6,4 g Eiweiß

170 g Blumenkohl (frisch oder TK)
80 g rote Zwiebel
15 g natives Olivenöl
10 g Cashewnussmus
125 ml Mandeldrink (geröstet, ungesüßt)
⅓ TL Ras el-Hanout (orientalische Gewürzmischung)
1–2 TL Zitronensaft
2 g frisch gehackte Blattpetersilie
2 g frisch gehackter Koriander, Chilipulver
Salz, schwarzer Pfeffer

Vom frischen Blumenkohl die Röschen abschneiden und waschen (TK-Blumenkohl einfach später zur Suppe geben). Zwiebel schälen und in feine Ringe schneiden.

5 g Olivenöl in einem Topf erhitzen und die Hälfte der Zwiebel darin anbraten. Blumenkohlröschen dazugeben und rundherum anbraten. Cashewnussmus einrühren, kurz mitrösten und dann mit der Hälfte des Mandeldrinks und so viel Wasser ablöschen, dass die Röschen mit Flüssigkeit bedeckt sind. Mit Ras el-Hanout, Salz und Pfeffer würzen. Blumenkohl in 10–12 Minuten bei niedriger Hitze weich garen.

In der Zwischenzeit 5 g Olivenöl in einer kleinen beschichteten Pfanne erhitzen und die restlichen Zwiebelringe darin kräftig anbraten, bis sie leicht knusprig sind. Nicht verbrennen lassen! Zwiebel mit Salz und etwas Ras el-Hanout würzen.

Blumenkohlsuppe mit einem Stabmixer pürieren, anschließend den restlichen Mandeldrink einrühren und je nach Konsistenz noch Wasser nachgießen. Suppe kurz aufkochen lassen, dann mit Zitronensaft abschmecken. In einen tiefen Teller füllen und die gebratenen Zwiebelringe darauf verteilen. Mit den Kräutern bestreuen und mit dem restlichen Öl beträufeln. Nach Belieben mit Salz, Pfeffer und Chilipulver abschmecken.

Erfrischende Melonen-Tomaten-Gazpacho

Day 1: 400–450 kcal mit Pinienkernen

400 kcal, 31,5 g Fett, 19 g Kohlenhydrate, 5,4 g Eiweiß

12 g Pinienkerne
120 g Strauchtomate
100 g Wassermelone (geschält gewogen, ohne Kerne)
60 g rote Paprika
80 g Gurke (geschält gewogen)
25 g Schalotte
1 kleine Knoblauchzehe
4 Blätter frisches Basilikum
4 Blätter frische Minze
4 Eiswürfel
1 TL Himbeeressig (oder Apfelessig)
25 g natives Olivenöl
ein paar Spritzer Zitronensaft, Chilipulver
Salz, schwarzer Pfeffer aus der Mühle

Pinienkerne in einer Pfanne ohne Fett rösten.

Tomate waschen, Stielansatz entfernen und ¾ des Fruchtfleischs klein schneiden. Die restliche Tomate in ganz feine Würfel schneiden. ¾ der Wassermelone in mundgerechte Stücke zerteilen, den Rest sehr klein würfeln. Paprika putzen, schälen, ¾ davon grob zerkleinern, den Rest in sehr kleine Würfel schneiden. Gurke schälen, Kerne entfernen, ¾ der Gurke vierteln, den Rest sehr klein würfeln. Schalotte schälen, ¾ davon grob hacken, den Rest sehr fein würfeln. Knoblauch abziehen und halbieren. Kräuter waschen, trocken schütteln und grob hacken.

Die feinen Gemüse- und Melonenwürfel beiseitelegen. Die restlichen Gemüse- und Melonenstücke, ¾ der Kräuter, den Knoblauch, Eiswürfel, Essig und 15 g Olivenöl in einem Standmixer fein pürieren. Mit Salz und Pfeffer würzen.

Gazpacho in einen tiefen Teller gießen. Gemüse- und Melonenwürfel als Topping daraufgeben. Mit den restlichen gehackten Kräutern und den Pinienkernen bestreuen, mit dem restlichen Olivenöl und ein paar Spritzern Zitronensaft beträufeln. Nach Belieben mit Chilipulver würzen.

Day 2–5: 250–300 kcal

272 kcal, 19,4 g Fett, 17,3 g Kohlenhydrate, 3,5 g Eiweiß

120 g Strauchtomate
100 g Wassermelone (geschält gewogen, ohne Kerne)
60 g rote Paprika
80 g Gurke (geschält gewogen)
25 g Schalotte
1 kleine Knoblauchzehe
4 Blätter frisches Basilikum
4 Blätter frische Minze
4 Eiswürfel
1 TL Himbeeressig (oder Apfelessig)
20 g natives Olivenöl
ein paar Spritzer Zitronensaft, Chilipulver
Salz, schwarzer Pfeffer aus der Mühle

Tomate waschen, Stielansatz entfernen und ¾ des Fruchtfleischs klein schneiden. Die restliche Tomate in ganz feine Würfel schneiden. ¾ der Wassermelone in mundgerechte Stücke zerteilen, den Rest sehr klein würfeln. Paprika putzen, schälen, ¾ davon grob zerkleinern, den Rest in sehr kleine Würfel schneiden. Gurke schälen, Kerne entfernen, ¾ der Gurke vierteln, den Rest sehr klein würfeln. Schalotte schälen, ¾ davon grob hacken, den Rest sehr fein würfeln. Knoblauch abziehen und halbieren. Kräuter waschen, trocken schütteln und grob hacken.

Die feinen Gemüse- und Melonenwürfel beiseitelegen. Die restlichen Gemüse- und Melonenstücke, ¾ der Kräuter, den Knoblauch, Eiswürfel, Essig und 10 g Olivenöl in einem Standmixer fein pürieren. Mit Salz und Pfeffer würzen.

Gazpacho in einen tiefen Teller gießen. Gemüse- und Melonenwürfel als Topping daraufgeben. Mit den restlichen gehackten Kräutern bestreuen, mit dem restlichen Olivenöl und ein paar Spritzern Zitronensaft beträufeln. Nach Belieben mit Chilipulver würzen.

Veganes Szegediner Gulasch

Day 1: 400–450 kcal mit Erdnüssen

400 kcal, 29 g Fett, 19,5 g Kohlenhydrate, 7,7 g Eiweiß

100 g Gemüsezwiebeln
100 g mildes Sauerkraut
110 g rote Spitzpaprika
25 g natives Olivenöl
25 g Tomatenmark
½ TL edelsüßes Paprikapulver
½ TL rosenscharfes Paprikapulver
etwas Kümmel
1 TL getrockneter Majoran
1 Lorbeerblatt
Cayennepfeffer
1 EL frisch gehackte krause Petersilie
8 g Erdnüsse (geröstet, gesalzen)
Salz, schwarzer Pfeffer

Zwiebeln schälen und in feine Ringe schneiden. Sauerkraut in ein Sieb geben und mit Wasser abspülen. Paprika waschen, putzen und in Streifen schneiden. Olivenöl in einer beschichteten Pfanne erhitzen und Zwiebeln darin andünsten. Paprika hinzufügen und 3 Minuten mitbraten. Tomatenmark einrühren und kurz rösten. Mit 100 ml Wasser ablöschen. Das Sauerkraut untermischen. Gewürze und getrocknete Kräuter zufügen.

Gulasch bei niedriger Temperatur 20–30 Minuten köcheln lassen. Zwischendurch rühren und immer wieder etwas Wasser nachgießen. Zum Schluss nach Belieben mit Salz, Pfeffer und Cayennepfeffer abschmecken und mit Petersilie und Erdnüssen bestreuen.

Day 2–5: 250–300 kcal

258 kcal, 15,4 g Fett, 18,6 g Kohlenhydrate, 5,8 g Eiweiß

100 g Gemüsezwiebeln
100 g mildes Sauerkraut
110 g rote Spitzpaprika
15 g natives Olivenöl
25 g Tomatenmark
½ TL edelsüßes Paprikapulver
½ TL rosenscharfes Paprikapulver
etwas Kümmel
1 TL getrockneter Majoran
1 Lorbeerblatt
Cayennepfeffer
1 EL frisch gehackte krause Petersilie
Salz, schwarzer Pfeffer

Zwiebeln schälen und in feine Ringe schneiden. Sauerkraut in ein Sieb geben und mit Wasser abspülen. Paprika waschen, putzen und in Streifen schneiden. Olivenöl in einer beschichteten Pfanne erhitzen und Zwiebeln darin andünsten. Paprika hinzufügen und 3 Minuten mitbraten. Tomatenmark einrühren und kurz rösten. Mit 100 ml Wasser ablöschen. Das Sauerkraut untermischen. Gewürze und getrocknete Kräuter zufügen.

Gulasch bei niedriger Temperatur 20–30 Minuten köcheln lassen. Zwischendurch rühren und immer wieder etwas Wasser nachgießen. Zum Schluss nach Belieben mit Salz, Pfeffer und Cayennepfeffer abschmecken und mit Petersilie bestreuen.

Re-Feeding-Tipp

Verwandle dieses Gericht im Refeeding zu einem klassischen Gulasch mit Fleisch. 150 g Rindfleischwürfel mit den Zwiebeln und Paprika mitbraten. Dann weiter nach Rezept zubereiten. Damit das Fleisch butterzart wird, musst du die Garzeit des Gulaschs auf 1,5–2 Stunden verlängern.

Kalte Hauptspeisen

Erfrischender Tomaten-Erdbeer-Salat

Day 1: 400–450 kcal

431 kcal, 34,8 g Fett, 17,3 g Kohlenhydrate, 5,6 g Eiweiß

250 g aromatische Cocktailtomaten
125 g Erdbeeren
30 g Stangensellerie
25 g natives Olivenöl
10 ml dunkler Balsamicoessig
15 g grob gehackte Pekannüsse
8–10 Blätter frisches Basilikum
1 Bio-Limette
Salz

Tomaten waschen und halbieren. Erdbeeren waschen, entstielen und halbieren bzw. vierteln. Sellerie waschen und quer in feine Scheiben schneiden. Alle vorbereiteten Zutaten in eine Salatschüssel geben. Mit Öl und Essig anmachen und mit wenig Salz würzen.

Nüsse in einer Pfanne ohne Fett rösten. Basilikum waschen, trocken schütteln und in Streifen schneiden. Limette waschen, abtrocknen und 1 TL Schale abreiben. Nüsse und Basilikum über dem Salat verteilen und mit Limettenabrieb bestreuen.

Day 2–5: 250–300 kcal

299 kcal, 21,9 g Fett, 15,7 g Kohlenhydrate, 4,5 g Eiweiß

200 g aromatische Cocktailtomaten
125 g Erdbeeren
30 g Stangensellerie
15 g natives Olivenöl
10 ml dunkler Balsamicoessig
10 g grob gehackte Pekannüsse
8–10 frische Basilikumblätter
1 Bio-Limette
Salz

Tomaten waschen und halbieren. Erdbeeren waschen, entstielen und halbieren bzw. vierteln. Sellerie waschen und quer in feine Scheiben schneiden. Alle vorbereiteten Zutaten in eine Salatschüssel geben. Mit Öl und Essig anmachen und mit wenig Salz würzen.

Nüsse in einer Pfanne ohne Fett rösten. Basilikum waschen, trocken schütteln und in Streifen schneiden. Limette waschen, abtrocknen und 1 TL Schale abreiben. Nüsse und Basilikum über dem Salat verteilen und mit Limettenabrieb bestreuen.

Re-Feeding-Tipp

Es ist nicht nur ideal für die Eiweißbilanz, sondern ihr erlebt auch eine pure Gaumenfreude, wenn ihr diesen erfrischenden Sommersalat mit einer Burrata (ein dem Mozzarella ähnlicher Frischkäse) ergänzt. Diese gibt es inzwischen in jedem gut sortierten Supermarkt. Die Burratakugel mittig kreuzweise einschneiden, etwas öffnen, sodass der weiche Innenteil zu sehen ist. Mit einem guten Olivenöl und dunklem Balsamico beträufeln. Happy Re-Feeding!

Radicchio-Salat mit gebratener Avocado und Brombeeren

Day 1: 400–450 kcal

433 kcal, 35,1 g Fett, 11,4 g Kohlenhydrate, 6,1 g Eiweiß

70 g Radicchiosalat
60 g Feldsalat
50 g Radieschen
60 g frische Brombeeren (oder Blau-bzw. Himbeeren)
60 g Möhre (geschält und in Streifen geschnitten gewogen)
80 g nicht zu weiches Avocadofruchtfleisch
20 g natives Olivenöl
5 g milder Senf
3 TL Himbeeressig (oder Apfelessig)
7 g Pekannüsse
grobes Meersalz, bunter Pfeffer aus der Mühle
Salz

Salate waschen und putzen. Radicchio in grobe Streifen schneiden. Radieschen putzen, waschen und in feine Scheiben schneiden. Brombeeren waschen. Möhre putzen, schälen und anschließend mit dem Sparschäler in feine Streifen hobeln. Die vorbereiteten Zutaten in einem tiefen Teller vermischen.

Avocado in 1 cm dicke Scheiben schneiden. 10 g Olivenöl in einer beschichteten Pfanne erhitzen und die Avocadoscheiben darin von beiden Seiten anbraten, bis sie Farbe bekommen. Mit Meersalz und Pfeffer würzen. Gebratene Avocado auf dem Salat verteilen.

Das restliche Olivenöl, Senf, Essig, etwas Salz und wenig Wasser in ein Schraubglas geben. Glas verschließen und schütteln, bis sich die Zutaten zu einem Dressing verbunden haben. Den Salat damit anmachen. Nach Belieben mit Salz und Pfeffer würzen und mit Pekannüssen bestreuen.

Day 2–5: 250–300 kcal

291 kcal, 21,7 g Fett, 9,7 g Kohlenhydrate, 5,1 g Eiweiß

70 g Radicchiosalat
50 g Feldsalat
50 g Radieschen
50 g frische Brombeeren (oder Blau- bzw. Himbeeren)
50 g Möhre (geschält und in Streifen geschnitten gewogen)
60 g nicht zu weiches Avocadofruchtfleisch
10 g natives Olivenöl
5 g milder Senf
1 EL Himbeeressig (oder Apfelessig)
5 g Pekannüsse
grobes Meersalz, bunter Pfeffer aus der Mühle
Salz

Salate waschen und putzen. Radicchio in grobe Streifen schneiden. Radieschen putzen, waschen und in feine Scheiben schneiden. Brombeeren waschen. Möhre putzen, schälen und anschließend mit dem Sparschäler in feine Streifen hobeln. Die vorbereiteten Zutaten in einem tiefen Teller vermischen.

Avocado in 1 cm dicke Scheiben schneiden. 5 g Olivenöl in einer beschichteten Pfanne erhitzen und die Avocadoscheiben darin von beiden Seiten anbraten, bis sie Farbe bekommen. Mit Meersalz und Pfeffer würzen. Gebratene Avocado auf dem Salat verteilen.

Das restliche Olivenöl, Senf, Essig, etwas Salz und wenig Wasser in ein Schraubglas geben. Glas verschließen und schütteln, bis sich die Zutaten zu einem Dressing verbunden haben. Den Salat damit anmachen. Nach Belieben mit Salz und Pfeffer würzen und mit Pekannüssen bestreuen.

Re-Feeding-Tipp

Als Eiweißquelle passen zu diesem Salat hervorragend gebratene 100–150 g Putenbruststreifen oder Garnelen.

Rote-Bete-Champignon-Carpaccio

Day 1: 400–450 kcal

413 kcal, 28,6 g Fett, 18,4 g Kohlenhydrate, 8,7 g Eiweiß

200 g Rote Bete (gekocht, vakuumverpackt)
125 g weiße größere Champignons
60 g Rucola
15 g heller Balsamicoessig
20 g natives Olivenöl
1 schwach gehäufter TL milder Senf
12 g Macadamianüsse (gesalzen, geröstet)
Salz, bunter Pfeffer aus der Mühle

Rote Bete (am besten mit Handschuhen) abspülen und mit einem Gemüsehobel oder einem scharfen Messer in sehr feine Scheiben schneiden. Champignons putzen und ebenfalls in sehr feine Scheiben schneiden. Rucola waschen und trocken schütteln.

Auf einem Pizzateller ¾ des Rucola verteilen. Die Rote Bete und die Champignons abwechselnd fächerartig darauflegen. Den restlichen Rucola in die Mitte des Carpaccios setzen. Mit Salz und Pfeffer würzen.

Für das Dressing Essig, Öl, Senf und etwas Salz in ein Schraubglas geben. Glas verschließen und schütteln, bis sich die Zutaten zu einem Dressing verbunden haben. Über das Carpaccio träufeln. Macadamianüsse grob hacken und darüberstreuen.

Day 2–5: 250–300 kcal

280 kcal, 15,7 g Fett, 17,5 g Kohlenhydrate, 7g Eiweiß

200 g Rote Bete (gekocht, vakuumverpackt)
100 g weiße größere Champignons
40 g Rucola
15 g heller Balsamicoessig
12 g natives Olivenöl
1 schwach gehäufter TL milder Senf
5 g Macadamianüsse (gesalzen, geröstet)
Salz, bunter Pfeffer aus der Mühle

Rote Bete (am besten mit Handschuhen) abspülen und mit einem Gemüsehobel oder einem scharfen Messer in sehr feine Scheiben schneiden. Champignons putzen und ebenfalls in sehr feine Scheiben schneiden. Rucola waschen und trocken schütteln.

Auf einem Pizzateller ¾ des Rucola verteilen. Die Rote Bete und die Champignons abwechselnd fächerartig darauflegen. Den restlichen Rucola in die Mitte des Carpaccios setzen. Mit Salz und Pfeffer würzen.

Für das Dressing Essig, Öl, Senf, 1 EL Wasser und etwas Salz in ein Schraubglas geben. Glas verschließen und schütteln, bis sich die Zutaten zu einem Dressing verbunden haben. Über das Carpaccio träufeln. Macadamianüsse grob hacken und darüber streuen.

Re-Feeding Tipp:

Ein geniales Eiweißtopping für dieses Carpaccio ist gehobelter Parmesan. Statt Macadamianüsse empfehlen wir außerdem 2 EL der proteinreicheren Kürbiskerne. Diese am besten vorher rösten.

Rotkohlsalat mit Grapefruit und Nüssen

Day 1: 400–450 kcal

400 kcal, 29,8 Fett, 18,7 g Kohlenhydrate, 4,8 g Eiweiß

100 g Rotkohl (geputzt gewogen)
Salz
100 g Möhre (geschält und in Streifen geschnitten gewogen)
100 g Grapefruit (geschält gewogen)
15 g Pekannüsse
8–10 Blätter frische Minze
20 g natives Olivenöl
1 EL heller Balsamicoessig
Salz, schwarzer Pfeffer aus der Mühle

Wichtig: Rotkohl muss mindestens 30 Minuten ziehen. Rechtzeitig vorbereiten!

Die äußeren Blätter des Rotkohls entfernen und den Strunk herausschneiden. Den Kohl mit einem scharfen Messer in sehr feine Streifen schneiden. Kohlstreifen in eine Schüssel geben, ½ TL Salz hinzufügen und 2 Minuten mit den Händen durchkneten. Anschließend mindestens 30 Minuten ziehen lassen.

Die Möhren putzen, schälen und mit einem Spiralschneider in Spaghettiform schneiden. Grapefruitfilets mit einem scharfen Messer aus der Haut lösen. Nüsse in einer beschichteten Pfanne ohne Fett rösten. Minze waschen und in feine Streifen schneiden.

Kohl auf einen Teller geben. Möhren und Grapefruitfilets darauf verteilen und mit Olivenöl und Essig beträufeln. Nach Geschmack mit Salz und Pfeffer würzen. Zum Schluss Nüsse und Minze über den Salat streuen.

Day 2–5: 250–300 kcal

277 kcal, 17 g Fett, 18,5 g Kohlenhydrate, 4,3 g Eiweiß

100 g Rotkohl (geputzt gewogen)
Salz
100 g Möhre (geschält und in Streifen geschnitten gewogen)
100 g Grapefruit (geschält gewogen)
10 g Pekannüsse
8-10 Blätter frische Minze
10 g natives Olivenöl
1 EL heller Balsamicoessig
Salz, schwarzer Pfeffer aus der Mühle

Wichtig: Rotkohl muss mindestens 30 Minuten ziehen. Rechtzeitig vorbereiten!

Die äußeren Blätter des Rotkohls entfernen und den Strunk herausschneiden. Den Kohl mit einem scharfen Messer in sehr feine Streifen schneiden. Kohlstreifen in eine Schüssel geben, ½ TL Salz hinzufügen und 2 Minuten mit den Händen durchkneten. Anschließend mindestens 30 Minuten ziehen lassen.

Die Möhren putzen, schälen und mit einem Spiralschneider in Spaghettiform schneiden. Grapefruitfilets mit einem scharfen Messer aus der Haut lösen. Nüsse in einer beschichteten Pfanne ohne Fett rösten. Minze waschen und in feine Streifen schneiden.

Kohl auf einen Teller geben. Möhren und Grapefruitfilets darauf verteilen und mit Olivenöl und Essig beträufeln. Nach Geschmack mit Salz und Pfeffer würzen. Zum Schluss Nüsse und Minze über den Salat streuen.

Re-Feeding-Tipp

Geschmacklich wird dieser Wintersalat ein absolutes Highlight, wenn ihr gratinierten Ziegenkäse dazu serviert. Wer es lieber vegan mag, sollte unbedingt Beluga-Linsen zum Salat mischen. Das ist nicht nur richtig lecker und sättigend, sondern optisch auch ein Hingucker.

Lauwarmer Brokkoli-Rotkohl-Salat

Day 1: 400–450 kcal mit Macadamianüssen

429 kcal, 35,1 g Fett, 13,9 g Kohlenhydrate, 8,6 g Eiweiß

110 g Rotkohl (geputzt gewogen)
1 kleine Knoblauchzehe
½ rote, scharfe Chilischote
25 g natives Olivenöl
125 g Brokkoliröschen (frisch oder TK)
3 TL dunkler Balsamicoessig
15 g Macadamianüsse (geröstet, gesalzen)
schwarzer Pfeffer aus der Mühle
Salz

Wichtig: Rotkohl muss mindestens 30 Minuten ziehen. Rechtzeitig vorbereiten!

Die äußeren Blätter des Rotkohls entfernen und den Strunk herausschneiden. Den Kohl mit einem scharfen Messer in sehr feine Streifen schneiden. Kohlstreifen in eine Schüssel geben, ½ TL Salz hinzufügen und 2 Minuten mit den Händen durchkneten. Anschließend mindestens 30 Minuten ziehen lassen.

Knoblauch abziehen und in feine Scheiben schneiden. Chilischote putzen, waschen und in Ringe schneiden. 5 g Olivenöl in einer kleinen beschichteten Pfanne erhitzen. Knoblauch darin bei mittlerer Hitze anbraten. Chili hinzufügen und kurz mitbraten. Gerösteten Chili-Knoblauch beiseitestellen.

Die frischen Brokkoliröschen waschen. In einem Topf 1–2 cm hoch Wasser und etwas Salz einfüllen und zum Kochen bringen. Brokkoli darin in 5 Minuten bissfest garen. Anschließend in ein Sieb abgießen und kurz mit kaltem Wasser abschrecken.

Brokkoli und Rotkohl in einem tiefen Teller vermischen. Chili-Knoblauch, restliches Öl und Balsamico in einer kleinen Schüssel zu einem Dressing verrühren und über den Salat gießen. Mit Salz und Pfeffer würzen und mit den Nüssen bestreuen.

Day 2–5: 250–300 kcal

261 kcal, 18,9 g Fett, 11,5 g Kohlenhydrate, 6,7 g Eiweiß

110 g Rotkohl (geputzt gewogen)
1 kleine Knoblauchzehe
½ rote, scharfe Chilischote
20 g natives Olivenöl
110 g Brokkoliröschen (frisch oder TK)
10 g dunkler Balsamicoessig
schwarzer Pfeffer aus der Mühle
Salz

Wichtig: Rotkohl muss mindestens 30 Minuten ziehen. Rechtzeitig vorbereiten!

Die äußeren Blätter des Rotkohls entfernen und den Strunk herausschneiden. Den Kohl mit einem scharfen Messer in sehr feine Streifen schneiden. Kohlstreifen in eine Schüssel geben, ½ TL Salz hinzufügen und 2 Minuten mit den Händen durchkneten. Anschließend mindestens 30 Minuten ziehen lassen.

Knoblauch abziehen und in feine Scheiben schneiden. Chilischote putzen, waschen und in Ringe schneiden. 5 g Olivenöl in einer kleinen beschichteten Pfanne erhitzen. Knoblauch darin bei mittlerer Hitze anbraten. Chili hinzufügen und kurz mitbraten. Gerösteten Chili-Knoblauch beiseitestellen.

Die frischen Brokkoliröschen waschen. In einen Topf 1–2 cm hoch Wasser und etwas Salz einfüllen und zum Kochen bringen. Brokkoli darin in 5 Minuten bissfest garen. Anschließend in ein Sieb abgießen und kurz mit kaltem Wasser abschrecken.

Brokkoli und Rotkohl in einem tiefen Teller vermischen. Chili-Knoblauch, restliches Öl und Balsamico in einer kleinen Schüssel zu einem Dressing verrühren und über den Salat gießen. Mit Salz und Pfeffer würzen.

Mediterraner Auberginensalat

Day 1: 400–450 kcal

422 kcal, 34,8 Fett, 15,8 g Kohlenhydrate, 6,9 g Eiweiß

350 g Aubergine
125 g Cocktailtomaten
20 g Stangensellerie
½ rote Chilischote
20 g rote Zwiebel
1 kleine Knoblauchzehe
2 g frische Blattpetersilie
2 g frischer Koriander
25 g Kalamata-Oliven (in Wasser, ohne Stein) oder 50 g geschwärzte Oliven (in Wasser, ohne Stein)
30 g natives Olivenöl
Chilipulver, 1 TL Zitronensaft
schwarzer Pfeffer aus der Mühle
Salz

Backofen auf 200 °C Ober-/Unterhitze oder 180 °C Umluft vorheizen. Ein Backblech mit Backpapier auslegen.

Aubergine putzen, waschen und quer in 1 cm dicke Scheiben schneiden. Scheiben auf das Blech legen, mit Salz bestreuen und ca. 10 Minuten im Ofen rösten, dabei einmal wenden.

Tomaten, Sellerie und Chilischote waschen und putzen. Tomaten halbieren. Sellerie in dünne Streifen, Chili in feine Ringe schneiden. Zwiebel abziehen und in feine Ringe schneiden. Knoblauch schälen und sehr klein hacken. Kräuter waschen, trocken schütteln und hacken. Oliven abtropfen lassen.

10 g Olivenöl in einer beschichteten Pfanne erhitzen und die Auberginen darin kurz von beiden Seiten anbraten (durch das vorherige Grillen brauchen sie weniger Fett). Auberginenscheiben fächerartig auf einem flachen Teller anrichten und mit Pfeffer und Chilipulver würzen. Tomaten, Stangensellerie, Zwiebeln und Oliven darauf verteilen. Das restliche Öl mit Zitronensaft, Knoblauch und Chiliringen vermischen und über den Auberginensalat träufeln. Zum Schluss nach Geschmack mit Salz und Pfeffer würzen und mit den Kräutern bestreuen.

Day 2–5: 250–300 kcal

287 kcal, 22,9 Fett, 12,1 g Kohlenhydrate, 5,1 g Eiweiß

250 g Aubergine
90 g Cocktailtomaten
20 g Stangensellerie
½ rote Chilischote
20 g rote Zwiebel
1 kleine Knoblauchzehe
2 g frische Blattpetersilie
2 g frischer Koriander
15 g Kalamata-Oliven (in Wasser, ohne Stein) oder 30 g geschwärzte Oliven (in Wasser, ohne Stein)
20 g natives Olivenöl
Chilipulver, 1 TL Zitronensaft
schwarzer Pfeffer aus der Mühle
Salz

Backofen auf 200 °C Ober-/Unterhitze oder 180 °C Umluft vorheizen. Ein Backblech mit Backpapier auslegen.

Aubergine putzen, waschen und quer in 1 cm dicke Scheiben schneiden. Scheiben auf das Blech legen, mit Salz würzen und ca. 10 Minuten im Ofen rösten, dabei einmal wenden.

Tomaten, Sellerie und Chilischote waschen und putzen. Tomaten halbieren. Sellerie in dünne Scheiben, Chili in feine Ringe schneiden. Zwiebel abziehen und in feine Ringe schneiden. Knoblauch schälen und sehr klein hacken. Kräuter waschen, trocken schütteln und hacken. Oliven abtropfen lassen.

10 g Olivenöl in einer beschichteten Pfanne erhitzen und die Auberginen darin kurz von beiden Seiten anbraten (durch das vorherige Grillen brauchen sie weniger Fett). Auberginenscheiben fächerartig auf einem flachen Teller anrichten und mit Pfeffer und Chilipulver würzen. Tomaten, Stangensellerie, Zwiebeln und Oliven darauf verteilen. Das restliche Öl mit Zitronensaft, Knoblauch und Chiliringen vermischen und über den Auberginensalat träufeln. Zum Schluss nach Geschmack mit Salz und Pfeffer würzen und mit den Kräutern bestreuen.

Rosenkohlsalat mit Vanille und Himbeeren

Day 1: 400–450 kcal

417 kcal, 33,2 g Fett, 12,2 g Kohlenhydrate, 8,6 g Eiweiß

125 g TK-Rosenkohl
100 g frische Himbeeren
70 g Romanasalat
20 g rote Zwiebel
½ Vanilleschote (oder $^1/_6$ TL gemahlene Vanille)
15 g Kokosöl
20 g natives Olivenöl
½ TL milder Senf
1 EL Himbeeressig
Salz, schwarzer Pfeffer aus der Mühle

Rosenkohl im gefrorenen Zustand halbieren. Himbeeren waschen. Salat waschen und quer in feine Streifen schneiden. Zwiebel schälen und in feine Ringe schneiden. Vanilleschote mit einem Messer der Länge nach aufschlitzen und das Mark herauskratzen.

Kokosöl in einer beschichteten Pfanne erhitzen. Den Rosenkohl darin in 5–8 Minuten rundherum goldgelb braten, dann mit Salz, Pfeffer und Vanillemark (oder gemahlener Vanille) würzen.

In der Zwischenzeit für das Dressing 3 Himbeeren mit Olivenöl, Senf, Essig und etwas Salz in einem Standmixer pürieren. Romanasalat auf einem Teller anrichten. Himbeeren, Zwiebelstreifen und gebratenen Rosenkohl darauf verteilen. Mit dem Dressing beträufeln und nach Geschmack mit Salz und Pfeffer würzen.

Day 2–5: 250–300 kcal

268 kcal, 19,1 g Fett, 10,1 g Kohlenhydrate, 6,9 g Eiweiß

100 g TK-Rosenkohl
80 g frische Himbeeren
50 g Romanasalat
20 g rote Zwiebel
½ Vanilleschote (oder $^1/_6$ TL gemahlene Vanille)
10 g Kokosöl
10 g natives Olivenöl
½ TL milder Senf
1 EL Himbeeressig
Salz, schwarzer Pfeffer aus der Mühle

Rosenkohl im gefrorenen Zustand halbieren. Himbeeren waschen. Salat waschen und quer in feine Streifen schneiden. Zwiebel schälen und in feine Ringe schneiden. Vanilleschote mit einem Messer der Länge nach aufschlitzen und das Mark herauskratzen.

Kokosöl in einer beschichteten Pfanne erhitzen. Den Rosenkohl darin in 5–8 Minuten rundherum goldgelb braten, dann mit Salz, Pfeffer und Vanillemark (oder gemahlener Vanille) würzen.

In der Zwischenzeit für das Dressing 3 Himbeeren mit Olivenöl, Senf, Essig und etwas Salz in einem Standmixer pürieren. Romanasalat auf einem Teller anrichten. Himbeeren, Zwiebelstreifen und gebratenen Rosenkohl darauf verteilen. Mit dem Dressing beträufeln und nach Geschmack mit Salz und Pfeffer würzen.

Re-Feeding-Tipp

Zu diesem herrlichen Wintersalat passen gebratene Putenbruststreifen oder ein Rindersteak. Für die vegane Variante empfehlen wir kross gebratene Tofuwürfel.

Schneller Antipasti-Teller

Day 1: 400–450 kcal

417 kcal, 32,6 g Fett, 14,7 g Kohlenhydrate, 8,2 g Eiweiß

80 g aromatische Cocktailtomaten
50 g Gurke (geschält und in Streifen geschnitten gewogen)
100 g braune Champignons
50 g Artischockenherzen (aus dem Glas, in Wasser eingelegt)
60 g gegrillte Paprika (aus dem Glas, in Wasser eingelegt)
25 g grüne Oliven (in Wasser, ohne Stein)
20 g Kalamata-Oliven (in Wasser, ohne Stein)
25 g Softtomaten
70 g grüne Bohnen (aus dem Glas, frisch oder TK)
25 g natives Olivenöl
10 g heller Balsamicoessig, getrockneter Oregano
3–4 Blätter frisches Basilikum
Salz, schwarzer Pfeffer aus der Mühle

Tomaten waschen und halbieren. Gurke schälen und längs mit einem Sparschäler in breite Streifen hobeln. Pilze putzen und vierteln. Artischocken, Paprika und Oliven abtropfen lassen. Artischocken halbieren, Paprika in Streifen schneiden. Softtomaten in Streifen schneiden.

Frische Bohnen waschen und putzen. Ausreichend Salzwasser in einem Topf zum Kochen bringen und frische oder TK-Bohnen darin in 7–10 Minuten bissfest garen. Danach absieben, mit kaltem Wasser abschrecken und abtropfen lassen. Bohnen aus dem Glas nur abtropfen lassen.

10 g Olivenöl in einer Pfanne erhitzen. Pilze darin kurz rundherum kräftig anbraten. Mit schwarzem Pfeffer und Salz würzen.

Für das Dressing das restliche Öl, Essig, Oregano und etwas Salz in ein Schraubglas geben. Glas verschließen und schütteln, bis sich die Zutaten zu einem Dressing verbunden haben.

Alle Zutaten auf einem Teller nebeneinander anrichten. Das Dressing vor allem über Tomaten, Paprika, Gurkenstreifen und Bohnen träufeln. Nach Geschmack mit Salz und Pfeffer würzen und mit frischem Basilikum bestreuen.

Day 2–5: 250–300 kcal

298 kcal, 21,5 g Fett, 13,6 g Kohlenhydrate, 6,8 g Eiweiß

70 g aromatische Cocktailtomaten
50 g Gurke (geschält und in Streifen geschnitten gewogen)
70 g braune Champignons
50 g Artischockenherzen (aus dem Glas, in Wasser eingelegt)
50 g gegrillte Paprika (aus dem Glas, in Wasser eingelegt)
20 g grüne Oliven (in Wasser, ohne Stein)
15 g Kalamata-Oliven (in Wasser, ohne Stein)
25 g Softtomaten
60 g grüne Bohnen (aus dem Glas, frisch oder TK)
15 g natives Olivenöl
10 g heller Balsamicoessig, getrockneter Oregano
3–4 Blätter frisches Basilikum
Salz, schwarzer Pfeffer aus der Mühle

Tomaten waschen und halbieren. Gurke schälen und längs mit einem Sparschäler in breite Streifen hobeln. Pilze putzen und vierteln. Artischocken, Paprika und Oliven abtropfen lassen. Artischocken halbieren, Paprika in Streifen schneiden. Softtomaten in Streifen schneiden.

Frische Bohnen waschen und putzen. Ausreichend Salzwasser in einem Topf zum Kochen bringen und frische oder TK-Bohnen darin in 7-10 Minuten bissfest garen. Danach absieben, mit kaltem Wasser abschrecken und abtropfen lassen. Bohnen aus dem Glas nur abtropfen lassen.

5 g Olivenöl in einer Pfanne erhitzen. Pilze darin kurz rundherum kräftig anbraten. Mit schwarzem Pfeffer und Salz würzen.

Für das Dressing das restliche Öl, Essig, Oregano und etwas Salz in ein Schraubglas geben. Glas verschließen und schütteln, bis sich die Zutaten zu einem Dressing verbunden haben.

Alle Zutaten auf einem Teller nebeneinander anrichten. Das Dressing vor allem über Tomaten, Paprika, Gurkenstreifen und Bohnen träufeln. Nach Geschmack mit Salz und Pfeffer würzen und mit frischem Basilikum bestreuen.

Sommerlicher Wassermelonen-Spargel-Salat

Day 1: 400–450 kcal

433 kcal, 35,8 g Fett, 16,5 g Kohlenhydrate, 7,8 g Eiweiß

170 g Spargel (frisch oder TK, geschält gewogen)
150 g Wassermelone (geschält gewogen, ohne Kerne)
70 g Rucola
30 g rote Zwiebel
15 g Macadamianüsse (geröstet und gesalzen)
25 g natives Olivenöl
1 EL Himbeeressig
5 g milder Senf
schwarzer Pfeffer
Salz

Vom frischen Spargel das untere holzige Ende abschneiden. Ausreichend Salzwasser in einem Topf zum Kochen bringen. Spargel dritteln, in den Topf geben und in 5 Minuten bissfest garen. Anschließend in ein Sieb abgießen, mit kaltem Wasser abschrecken und abtropfen lassen.

Melone in mundgerechte Würfel schneiden. Rucola waschen und verlesen. Zwiebel schälen und in feine Ringe schneiden. Melone, Rucola und Zwiebel in einem Teller vermischen und den Spargel darauf verteilen.

Nüsse hacken. Für das Dressing Olivenöl, Essig, Senf und etwas Salz in ein Schraubglas geben. Glas verschließen und schütteln, bis sich die Zutaten zu einem Dressing verbunden haben. Den Salat mit dem Dressing anmachen und mit den Nüssen bestreuen. Nach Geschmack mit Salz und Pfeffer würzen.

Day 2–5: 250–300 kcal

297 kcal, 24 g Fett, 12 g Kohlenhydrate, 5,9 g Eiweiß

125 g Spargel (frisch oder TK, geschält gewogen)
100 g Wassermelone (geschält gewogen, ohne Kerne)
50 g Rucola
30 g rote Zwiebel
12 g Macadamianüsse (geröstet und gesalzen)
15 g natives Olivenöl
1 EL Himbeeressig
5 g milder Senf
schwarzer Pfeffer
Salz

Vom frischen Spargel das untere holzige Ende abschneiden. Ausreichend Salzwasser in einem Topf zum Kochen bringen. Spargel dritteln, in den Topf geben und in 5 Minuten bissfest garen. Anschließend in ein Sieb abgießen, mit kaltem Wasser abschrecken und abtropfen lassen.

Melone in mundgerechte Würfel schneiden. Rucola waschen und verlesen. Zwiebel schälen und in feine Ringe schneiden. Melone, Rucola und Zwiebel in einem Teller vermischen und den Spargel darauf verteilen.

Nüsse hacken. Für das Dressing Olivenöl, Essig, Senf und etwas Salz in ein Schraubglas geben. Glas verschließen und schütteln, bis sich die Zutaten zu einem Dressing verbunden haben. Den Salat mit dem Dressing anmachen und mit den Nüssen bestreuen. Nach Geschmack mit Salz und Pfeffer würzen.

Re-Feeding-Tipp

Mehr Eiweiß bringst du in den Salat, indem du 125 g Mozzarellakugeln untermischst und die Macadamianüsse durch 30–40 g Pistazien, Kürbiskerne oder Erdnüsse ersetzt.

Salat-Auberginen-Rolls

Day 1: 400–450 kcal

410 kcal, 28 g Fett, 17,7 g Kohlenhydrate, 8,6 g Eiweiß

280 g Auberginen
15 g natives Olivenöl
60 g Gurke (geschält und in Streifen geschnitten gewogen)
60 g Möhre (geschält und in Streifen geschnitten gewogen)
100 g Strauchtomate
4 große Blätter Kopfsalat (ca. 120 g)
½ Knoblauchzehe
100 g weiches Avocadofruchtfleisch
etwas Zitronensaft
jeweils 5 g frisch gehackter Koriander und Minze
Cayennepfeffer
Salz, schwarzer Pfeffer aus der Mühle

Backofen auf 210 °C Grillstufe vorheizen.

Auberginen putzen, waschen und längs in 4 Scheiben schneiden. Auberginenscheiben mit 10 g Olivenöl dünn einpinseln, salzen, pfeffern, auf den Rost legen und im Ofen 10–15 Minuten grillen. Zwischendurch einmal wenden.

Gurke und Möhre putzen, schälen und mit einem Sparschäler in breite Streifen hobeln.

Tomate waschen, Stielansatz und Kerne entfernen und das Fruchtfleisch längs in Streifen schneiden. Salatblätter waschen und trocken schütteln. Den Strunk ggf. anschneiden, damit sich die Blätter besser rollen lassen. Knoblauch schälen.

Avocadofruchtfleisch mit Knoblauch, dem restlichen Olivenöl und ein paar Spritzern Zitronensaft in einem Standmixer pürieren. Mit Salz und Pfeffer würzen.

In jedes Salatblatt je 1 Auberginenscheibe legen und dünn mit der Avocadocreme bestreichen. Gurken- und Möhrenstreifen quer auf die Aubergine legen und Tomatenstreifen darauf verteilen. Mit etwas Salz und Pfeffer würzen. Kräuter gleichmäßig daraufstreuen.

Salatblätter am besten unter Zuhilfenahme von Brotpapier fest einrollen.

Day 2–5: 250–300 kcal

293 kcal, 19,2 g Fett, 13,9 g Kohlenhydrate, 6,6 g Eiweiß

210 g Auberginen
10 g natives Olivenöl
50 g Gurke (geschält und in Streifen geschnitten gewogen)
50 g Möhre (geschält und in Streifen geschnitten gewogen)
80 g Strauchtomate
3 große Blätter Kopfsalat (ca. 90 g)
½ Knoblauchzehe
70 g weiches Avocadofruchtfleisch
etwas Zitronensaft
jeweils 5 g frisch gehackter Koriander und Minze
Cayennepfeffer
Salz, schwarzer Pfeffer aus der Mühle

Backofen auf 210 °C Grillstufe vorheizen.

Auberginen putzen, waschen und längs in 3 Scheiben schneiden. Auberginenscheiben mit 5 g Olivenöl dünn einpinseln, salzen, pfeffern auf den Rost legen und im Ofen 10–15 Minuten grillen. Zwischendurch einmal wenden.

Gurke und Möhre putzen, schälen und mit einem Sparschäler in breite Streifen hobeln.

Tomate waschen, Stielansatz und Kerne entfernen und das Fruchtfleisch längs in Streifen schneiden. Salatblätter waschen und trocken schütteln. Den Strunk ggf. anschneiden, damit sich die Blätter besser rollen lassen. Knoblauch schälen.

Avocadofruchtfleisch mit Knoblauch, dem restlichen Olivenöl und ein paar Spritzern Zitronensaft in einem Standmixer pürieren. Mit Salz und Pfeffer würzen.

In jedes Salatblatt je 1 Auberginenscheibe legen und dünn mit der Avocadocreme bestreichen. Gurken- und Möhrenstreifen quer auf die Aubergine legen und Tomatenstreifen darauf verteilen. Mit etwas Salz und Pfeffer würzen. Kräuter gleichmäßig daraufstreuen.

Salatblätter am besten unter Zuhilfenahme von Brotpapier fest einrollen.

15c COLLECTION.
25c COLLECTION.
50c COLLECTION.
ASTERS.
MIGNON
VICTORIA PRIZE.

Fenchel-Artischocken-Salat mit Tomaten

Day 1: 400–450 kcal

399 kcal, 32,1 g Fett, 14,8 g Kohlenhydrate, 7,4 g Eiweiß

170 g Fenchel
50 g Radieschen
80 g Artischockenböden oder Artischockenherzen (aus dem Glas, in Wasser)
30 g Kalamata-Oliven (in Wasser, ohne Stein)
100 g Cocktailtomaten
30 g rote Zwiebel
½ TL getrockneter Oregano
Chiliflocken
25 g natives Olivenöl
Salz, bunter Pfeffer aus der Mühle

Fenchel putzen, waschen, das Grün entfernen und fein hacken. Die Knolle in sehr feine Scheiben schneiden. Radieschen putzen, waschen und ebenfalls in feine Scheiben schneiden. Artischocken und Oliven gut abtropfen lassen. Artischockenböden in Streifen schneiden (die Herzen längs vierteln). Tomaten waschen und halbieren. Zwiebel schälen und in feine Ringe schneiden.

Alle vorbereiteten Zutaten in einem tiefen Teller vermischen, mit Oregano, Salz, Pfeffer und Chiliflocken würzen, mit Olivenöl anmachen und mit dem Fenchelgrün bestreuen.

Day 2–5: 250–300 kcal

283 kcal, 21,5 g Fett, 13,3 g Kohlenhydrate, 6,5 g Eiweiß

150 g Fenchel
30 g Radieschen
70 g Artischockenböden oder Artischockenherzen (aus dem Glas, in Wasser)
25 g Kalamata-Oliven (in Wasser, ohne Stein)
100 g Cocktailtomaten
30 g rote Zwiebel
½ TL getrockneter Oregano
Chiliflocken
15 g natives Olivenöl
Salz, bunter Pfeffer aus der Mühle

Fenchel putzen, waschen, das Grün entfernen und fein hacken. Die Knolle in sehr feine Scheiben schneiden. Radieschen putzen, waschen und ebenfalls in feine Scheiben schneiden. Artischocken und Oliven gut abtropfen lassen. Artischockenböden in Streifen schneiden (die Herzen längs vierteln). Tomaten waschen und halbieren. Zwiebel schälen und in feine Ringe schneiden.

Alle vorbereiteten Zutaten in einem tiefen Teller vermischen, mit Oregano, Salz, Pfeffer und Chiliflocken würzen, mit Olivenöl anmachen und mit dem Fenchelgrün bestreuen.

Re-Feeding-Tipp

Geschmacklich aufrunden lässt sich dieser einfache Salat, indem du 100 g gewürfelte Galiamelone untermengst und als Eiweißquelle 150 g geräucherte Forelle obendrauf legst.

Konjaknudelsalat Thai-Style

Day 1: 400–450 kcal

424 kcal, 33,7 g Fett, 14,4 g Kohlenhydrate, 7,8 g Eiweiß

200 g Konjaknudeln
½ Knoblauchzehe
1 TL frisch geriebener Ingwer
15 g geröstetes Sesamöl, 5 g helles Sesamöl
2 EL Limettensaft
70 g rote Paprika
70 g Möhre (geschält und in Streifen geschnitten gewogen)
100 g Gurke (in Streifen geschnitten gewogen)
1 Frühlingszwiebel, ½ rote Chilischote
5 g frischer Koriander, 3 Blätter frische Minze
15 g geröstete Erdnüsse
Salz, schwarzer Pfeffer

Konjaknudeln in einem Sieb gründlich spülen und abtropfen lassen.

Für das Dressing Knoblauch schälen und in eine Schüssel pressen. Mit Ingwer, beiden Sesamölen, Limettensaft und 1 EL Wasser verrühren. Konjaknudeln mit dem Dressing vermischen und ziehen lassen.

In der Zwischenzeit die Paprika putzen, waschen und in feine Streifen schneiden. Möhre schälen, Gurke waschen, beides putzen und mit einem Spiralschneider in Spaghettiform schneiden. Frühlingszwiebel putzen, waschen und schräg in Streifen schneiden. Chilischote waschen, putzen, entkernen und in feine Ringe schneiden. Kräuter waschen und grob hacken.

Paprikastreifen, Möhren- und Gurkenspaghetti, Frühlingszwiebel und Chili zu den Nudeln geben und alles gut verrühren. Mit Salz und Pfeffer würzen. Zum Schluss Erdnüsse und Kräuter über dem Salat verteilen.

Day 2–5: 250–300 kcal

293 kcal, 20 g Fett, 13,8 g Kohlenhydrate, 5,9 g Eiweiß

200 g Konjaknudeln
½ Knoblauchzehe
1 TL frisch geriebener Ingwer
10 g geröstetes Sesamöl, 5 g helles Sesamöl
2 EL Limettensaft
70 g rote Paprika
70 g Möhre (geschält und in Streifen geschnitten gewogen)
100 g Gurke (in Streifen geschnitten gewogen)
1 Frühlingszwiebel, ½ rote Chilischote
5 g frischer Koriander, 3 Blätter frische Minze
8 g geröstete Erdnüsse
Salz, schwarzer Pfeffer

Konjaknudeln in einem Sieb gründlich spülen und abtropfen lassen.

Für das Dressing: Knoblauch schälen und in eine Schüssel pressen. Mit Ingwer, beiden Sesamölen, Limettensaft und 1 EL Wasser verrühren. Konjaknudeln mit dem Dressing vermischen und ziehen lassen.

In der Zwischenzeit die Paprika putzen, waschen und in feine Streifen schneiden. Möhre schälen, Gurke waschen, beides putzen und mit einem Spiralschneider in Spaghettiform schneiden. Frühlingszwiebel putzen, waschen und schräg in Streifen schneiden. Chilischote waschen, putzen, entkernen und in feine Ringe schneiden. Kräuter waschen und grob hacken.

Paprikastreifen, Möhren- und Gurkenspaghetti, Frühlingszwiebel und Chili zu den Nudeln geben und alles gut verrühren. Mit Salz und Pfeffer würzen. Zum Schluss Erdnüsse und Kräuter über dem Salat verteilen.

Re-Feeding-Tipp

Zu diesem Thaisalat passen hervorragend 150 g gebratene Tofuwürfel, Garnelen oder Rindfleisch- bzw. Hähnchenbruststreifen.

Winterlicher Salat mit Apfel und Möhrenspeck

Day 1: 400–450 kcal

419 kcal, 35 g Fett, 13,7 g Kohlenhydrate, 5,2 g Eiweiß

70 g Feldsalat
60 g Chicorée
60 g Apfel (Boskop; oder Birne)
20 g rote Zwiebel
25 g natives Olivenöl, 5 g milder Senf
1 EL Apfelessig, 15 g Pekannüsse
70 g Möhre (geschält und in Streifen geschnitten gewogen)
geräuchertes Paprikapulver
edelsüßes Paprikapulver
Cayennepfeffer, schwarzer Pfeffer aus der Mühle
Salz

Feldsalat verlesen, waschen und trocken schleudern. Chicoréeblätter waschen und quer in Streifen schneiden. Apfel waschen, entkernen und in feine Spalten schneiden. Zwiebel schälen und in feine Ringe schneiden. Die vorbereiteten Zutaten in einen tiefen Teller geben und vermischen.

Für das Dressing 15 g Olivenöl, Senf, Essig und etwas Salz in ein Schraubglas füllen. Glas verschließen und schütteln, bis sich die Zutaten zu einem Dressing verbunden haben. Den Salat mit dem Dressing anmachen und etwas ziehen lassen.

Pekannüsse in einer Pfanne ohne Fett rösten. Möhre putzen, schälen und dann mit einem Sparschäler oder einem scharfen Messer der Länge nach in breite Streifen hobeln oder schneiden (alternativ klein würfeln).

Das restliche Olivenöl in einer beschichteten Pfanne erhitzen. Möhrenstreifen hineingeben, mit beiden Paprikapulvern, Salz, Pfeffer, Cayennepfeffer würzen und goldbraun braten. »Möhrenspeck« auf dem Salat verteilen und Pekannüsse darüberstreuen.

Day 2–5: 250–300 kcal

282 kcal, 20,8 g Fett, 13,3 g Kohlenhydrate, 4,4 g Eiweiß

70 g Feldsalat
60 g Chicorée
60 g Apfel (Boskop; oder Birne)
20 g rote Zwiebel
15 g natives Olivenöl, 5 g milder Senf
1 EL Apfelessig, 8 g Pekannüsse
70 g Möhre (geschält und in Streifen geschnitten gewogen)
geräuchertes Paprikapulver
edelsüßes Paprikapulver
Cayennepfeffer, schwarzer Pfeffer aus der Mühle
Salz

Feldsalat verlesen, waschen und trocken schleudern. Chicoréeblätter waschen und quer in Streifen schneiden. Apfel waschen, entkernen und in feine Spalten schneiden. Zwiebel schälen und in feine Ringe schneiden. Die vorbereiteten Zutaten in einen tiefen Teller geben und vermischen.

Für das Dressing 10 g Olivenöl, Senf, Essig und etwas Salz in ein Schraubglas füllen. Glas verschließen und schütteln, bis sich die Zutaten zu einem Dressing verbunden haben. Den Salat mit dem Dressing anmachen und etwas ziehen lassen.

Pekannüsse in einer Pfanne ohne Fett rösten. Möhre putzen, schälen und dann mit einem Sparschäler oder einem scharfen Messer der Länge nach in breite Streifen hobeln oder schneiden (alternativ klein würfeln).

Das restliche Olivenöl in einer beschichteten Pfanne erhitzen. Möhrenstreifen hineingeben, mit beiden Paprikapulvern, Salz, Pfeffer, Cayennenpfeffer würzen und goldbraun braten. »Möhrenspeck« auf dem Salat verteilen und Pekannüsse darüberstreuen.

Re-Feeding-Tipp

Lust auf eine Geschmacksexplosion mit Sättigungsfaktor? Mische 50 g gewürfelten Gorgonzolakäse unter den Salat.

Spitzkohlsalat mit Apfel und Pekannüssen

Day 1: 400–450 kcal

415 kcal, 32,5 g Fett, 18,9 g Kohlenhydrate, 7,5 g Eiweiß

250 g Spitzkohl
80 g säuerlicher Apfel (Braeburn oder Boskop)
Ras el-Hanout (orientalische Gewürzmischung)
25 g natives Olivenöl
1 EL heller Balsamicoessig
18 g Pekannüsse
Salz

Wichtig: Spitzkohl sollte mindestens 30 Minuten ziehen. Rechtzeitig vorbereiten!

Spitzkohl von den äußeren Blättern befreien und den Strunk herausschneiden. Spitzkohl fein hacken und in eine Schüssel geben. ⅓ TL Salz hinzufügen und den Spitzkohl mit den Händen 1–2 Minuten kneten. Anschließend mindestens 30 Minuten ziehen lassen.

Den Apfel waschen, entkernen und mitsamt der Schale in feine Streifen schneiden. Mit dem Spitzkohl vermischen. Den Salat mit Ras el-Hanout würzen, mit Öl und Essig anmachen und mit den Nüssen bestreuen.

Day 2–5: 250–300 kcal

276 kcal, 19,3 g Fett, 16,6 g Kohlenhydrate, 5,9 g Eiweiß

220 g Spitzkohl
70 g säuerlicher Apfel (Braeburn oder Boskop)
Ras el-Hanout (orientalische Gewürzmischung)
12 g natives Olivenöl
1 EL heller Balsamicoessig
10 g Pekannüsse
Salz

Wichtig: Spitzkohl sollte mindestens 30 Minuten ziehen. Rechtzeitig vorbereiten!

Spitzkohl von den äußeren Blättern befreien und den Strunk herausschneiden. Spitzkohl fein hacken und in eine Schüssel geben. ⅓ TL Salz hinzufügen und den Spitzkohl mit den Händen 1–2 Minuten kneten. Anschließend mindestens 30 Minuten ziehen lassen.

Den Apfel waschen, entkernen und mitsamt der Schale in feine Streifen schneiden. Mit dem Spitzkohl vermischen. Den Salat mit Ras el-Hanout würzen, mit Öl und Essig anmachen und mit den Nüssen bestreuen.

Re-Feeding-Tipp

Als Beilage schmeckt dieser Salat zu Omelett, Steak oder Grillkäse.

Coleslaw mit Kokosdressing

Day 1: 400–450 kcal mit Kokoschips

409 kcal, 31,4 g Fett, 19,7 g Kohlenhydrate, 6,8 g Eiweiß

70 g Rotkohl
180 g Weißkohl
70 g Möhre (geschält und geraspelt gewogen)
30 g Schalotte
80 g Kokosjoghurt (Natur, vegan)
1 EL Weißweinessig
15 g Sesamöl
15 g geröstete Kokoschips
Salz
schwarzer Pfeffer

Wichtig: Coleslaw sollte mindestens 30 Minuten ziehen. Rechtzeitig vorbereiten!

Die äußeren Blätter des Rot- und Weißkohls entfernen und den Strunk herausschneiden. Kohl waschen, mit einem scharfen Messer oder einem Gemüsehobel in feine Streifen schneiden und in eine Schüssel geben. ½ TL Salz unterrühren und Kohl mit den Händen 2–3 Minuten durchkneten. Möhre putzen, schälen und raspeln. Schalotte schälen und fein hacken. Beides mit dem Kohl mischen.

Für das Dressing den Kokosjoghurt mit Essig, Salz, Pfeffer und Öl verrühren. Den Salat damit anmachen und kalt stellen. Kurz vor dem Verzehr mit Kokoschips bestreuen.

Day 2–5: 250–300 kcal

253 kcal, 15,9 g Fett, 17,9 g Kohlenhydrate, 5,5 g Eiweiß

70 g Rotkohl
180 g Weißkohl
70 g Möhre (geschält und geraspelt gewogen)
30 g Schalotte
70 g Kokosjoghurt (Natur, vegan)
1 EL Weißweinessig
10 g Sesamöl
Salz
schwarzer Pfeffer

Wichtig: Coleslaw sollte mindestens 30 Minuten ziehen. Rechtzeitig vorbereiten!

Die äußeren Blätter des Rot- und Weißkohls entfernen und den Strunk herausschneiden. Kohl waschen, mit einem scharfen Messer oder einem Gemüsehobel in feine Streifen schneiden und in eine Schüssel geben. ½ TL Salz unterrühren und Kohl mit den Händen 2–3 Minuten durchkneten. Möhre putzen, schälen und raspeln. Schalotte schälen und fein hacken. Beides mit dem Kohl mischen.

Für das Dressing den Kokosjoghurt mit Essig, Salz, Pfeffer und Öl verrühren. Den Salat damit anmachen und kalt stellen.

Re-Feeding-Tipp

Dieser exotische Coleslaw ist der ideale Begleiter zu gegrilltem Fleisch oder Fisch.

Schneller Bohnensalat mit Roter Bete

Day 1: 400–450 kcal mit Oliven

401 kcal, 30,9 g Fett, 15,5 g Kohlenhydrate, 6,9 g Eiweiß

100 g Rote Bete (gekocht, vakuumverpackt)
130 g grüne Brechbohnen (aus dem Glas)
130 g Wachsbohnen (aus dem Glas)
25 g rote Zwiebel
20 g natives Olivenöl
1 EL Apfelessig
5 g mittelscharfer Senf
10 g Pekannüsse
15 g Kalamata-Oliven (in Wasser, ohne Stein)
1 EL frisch gehacktes Basilikum
Salz
schwarzer Pfeffer

Rote Bete (am besten mit Handschuhen) abtropfen lassen und klein würfeln. Bohnen in einem Sieb ebenfalls abtropfen lassen. Zwiebel schälen und in feine Streifen schneiden. Alle vorbereiteten Zutaten in einem tiefen Teller vermischen.

Für das Dressing Olivenöl, Essig, Senf und etwas Salz in ein Schraubglas geben. Glas verschließen und schütteln, bis sich die Zutaten zu einem Dressing verbunden haben. Den Salat mit dem Dressing anmachen und mit Nüssen, Oliven und Basilikum bestreuen. Nach Geschmack mit Salz und Pfeffer würzen.

Tipp: Wenn du keine Oliven magst, dann erhöhe einfach die Nussmenge von 10 g auf 15 g.

Day 2–5: 250–300 kcal

273 kcal, 17,9 g Fett, 14,5 g Kohlenhydrate, 6,4 g Eiweiß

100 g Rote Bete (gekocht, vakuumverpackt)
120 g grüne Brechbohnen (aus dem Glas)
120 g Wachsbohnen (aus dem Glas)
25 g rote Zwiebel
10 g natives Olivenöl
1 EL Apfelessig
5 g mittelscharfer Senf
10 g Pekannüsse
1 EL frisch gehacktes Basilikum
Salz
schwarzer Pfeffer

Rote Bete (am besten mit Handschuhen) abtropfen lassen und klein würfeln. Bohnen in einem Sieb ebenfalls abtropfen lassen. Zwiebel schälen und in feine Streifen schneiden. Alle vorbereiteten Zutaten in einem tiefen Teller vermischen.

Für das Dressing Olivenöl, Essig, Senf und etwas Salz in ein Schraubglas geben. Glas verschließen und schütteln, bis sich die Zutaten zu einem Dressing verbunden haben. Den Salat mit dem Dressing anmachen und mit Nüssen und Basilikum bestreuen. Nach Geschmack mit Salz und Pfeffer würzen.

Re-Feeding-Tipp

Rote Bete und grüne Bohnen harmonieren hervorragend mit Matjesfilet.

Avocado-Gurken-Papaya-Salat Asia-Style

Day 1: 400–450 kcal mit Erdnüssen

433 kcal, 34 g Fett, 15,8 g Kohlenhydrate, 6,1 Eiweiß

100 g nicht zu weiches Avocadofruchtfleisch
100 g Papaya (geschält gewogen)
150 g Gurke
25 g rote Zwiebel
1 Handvoll frischer Koriander
4–6 Blätter frische Minze
½ rote Chilischote
10 g helles Sesamöl
5 g geröstetes Sesamöl
5 g frisch geriebener Ingwer
1 EL Limettensaft
Chilipulver
10 g Erdnüsse (geröstet, gesalzen)
Salz

Avocadofruchtfleisch klein würfeln. Papaya entkernen und ebenfalls in kleine Würfel schneiden. Gurke putzen, waschen, längs halbieren, die Kerne herauskratzen, Gurke würfeln. Zwiebel schälen und in feine Ringe schneiden. Die vorbereiteten Zutaten in einer Schüssel vermischen.

Koriander und Minze waschen, trocken schütteln und grob hacken. Chilischote waschen, putzen, entkernen und in feine Ringe schneiden.

Für das Dressing beide Sesamöle, Chilischote, Ingwer und Limettensaft verrühren und Salat damit anmachen. Nach Geschmack mit etwas Salz und Chilipulver würzen. Mit den Erdnüssen und den Kräutern bestreuen.

Day 2–5: 250–300 kcal

296 kcal, 21,1 g Fett, 14,5 g Kohlenhydrate, 3,1 Eiweiß

80 g nicht zu weiches Avocadofruchtfleisch
100 g Papaya (geschält gewogen)
150 g Gurke
25 g rote Zwiebel
1 Handvoll frischer Koriander
4–6 Blätter frische Minze
½ rote Chilischote
5 g helles Sesamöl
5 g geröstetes Sesamöl
5 g frisch geriebener Ingwer
1 EL Limettensaft
Chilipulver
Salz

Avocadofruchtfleisch klein würfeln. Papaya entkernen und ebenfalls in kleine Würfel schneiden. Gurke putzen, waschen, längs halbieren, die Kerne herauskratzen, die Gurke würfeln. Zwiebel schälen und in Ringe schneiden. Die vorbereiteten Zutaten in einer Schüssel vermischen.

Koriander und Minze waschen, trocken schütteln und grob hacken. Chilischote waschen, putzen, entkernen und in feine Ringe schneiden.

Für das Dressing beide Sesamöle, Chilischote, Ingwer und Limettensaft verrühren und Salat damit anmachen. Nach Geschmack mit etwas Salz und Chilipulver würzen und mit den Kräutern bestreuen.

Re-Feeding

Wir lieben diesen Salat mit gegrillten oder in Chiliöl gebratenen Garnelenspießen.

Snackpaprika mit Auberginenmusfüllung

Day 1: 400–450 kcal mit Oliven

396 kcal, 30,6 g Fett, 19,5 g Kohlenhydrate, 7,3 g Eiweiß

1 mittelgroße Aubergine (350 g)
1 kleine Knoblauchzehe
5 g Blattpetersilie
25 g Kalamata-Oliven (in Wasser, ohne Stein)
25 g natives Olivenöl
ein paar Spritzer Zitronensaft
175 g Snackpaprikas (ca. 6 Stück)
etwas gemahlener Kreuzkümmel
Chilipulver
Salz, Pfeffer

Backofen auf 200 C Grillstufe vorheizen.

Aubergine putzen, waschen, längs halbieren und die Schale mit einer Gabel mehrmals einstechen. Hälften auf den Ofenrost legen und 40 Minuten im Ofen grillen, bis die Schale dunkel ist, dabei nach 20 Minuten einmal wenden. Anschließend Auberginenhälften etwas abkühlen lassen.

In der Zwischenzeit den Knoblauch schälen, die Petersilie waschen, trocken schütteln und sehr fein hacken. Oliven abtropfen lassen und in Scheiben schneiden

Auberginenhälften mit einem Löffel aushöhlen und das warme, weiche Fruchtfleisch in einer Schüssel mit einer Gabel zerdrücken. Knoblauch dazupressen. Olivenöl, etwas Zitronensaft, Salz, Pfeffer, Kreuzkümmel und Chilipulver zufügen und alles gut vermischen. Oliven und Petersilie unterrühren. Die Snackpaprikas waschen, längs halbieren und den Strunk herausschneiden. Paprikahälften mit dem Auberginenmus füllen.

Day 2–5: 250–300 kcal

274 kcal, 19,4 g Fett, 16,7 g Kohlenhydrate, 5,9 g Eiweiß

1 mittelgroße Aubergine (300 g)
1 kleine Knoblauchzehe
5 g Blattpetersilie
20 g natives Olivenöl
ein paar Spritzer Zitronensaft
150 g Snackpaprikas (ca. 5 Stück)
etwas gemahlener Kreuzkümmel
Chilipulver
Salz, Pfeffer

Backofen auf 200 C Grillstufe vorheizen.

Aubergine putzen, waschen, längs halbieren und die Schale mit einer Gabel mehrmals einstechen. Hälften auf den Ofenrost legen und 40 Minuten im Ofen grillen, bis die Schale dunkel ist, dabei nach 20 Minuten einmal wenden. Anschließend Auberginenhälften etwas abkühlen lassen.

In der Zwischenzeit den Knoblauch schälen, die Petersilie waschen, trocken schütteln und sehr fein hacken.

Auberginenhälften mit einem Löffel aushöhlen und das warme, weiche Fruchtfleisch in einer Schüssel mit einer Gabel zerdrücken. Knoblauch dazupressen. Olivenöl, etwas Zitronensaft, Salz, Pfeffer, Kreuzkümmel und Chilipulver zufügen und alles gut vermischen. Petersilie unterrühren. Die Snackpaprikas waschen, halbieren und den Strunk herausschneiden. Paprikas mit dem Auberginenmus füllen.

Pilz-Bruschetta

Day 1: 400–450 kcal mit Avocado

434 kcal, 36,4 g Fett, 12,6 g Kohlenhydrate, 7,8 g Eiweiß

200 g große braune Champignons
30 g natives Olivenöl
200 g Strauchtomaten
60 g nicht zu weiches Avocadofruchtfleisch
ein paar Spritzer Zitronensaft
30 g rote Zwiebel
1 kleine Knoblauchzehe
6 Blätter frisches Basilikum
1 TL getrockneter Oregano
1 EL dunkler Balsamicoessig
Salz, schwarzer Pfeffer aus der Mühle

Backofen auf 200 °C Ober-/Unterhitze oder 180 °C Umluft vorheizen.

Pilze säubern und den Stiel vorsichtig herauslösen. Pilze rundherum mit 15 g Olivenöl einpinseln und mit der offenen Seite nach unten in eine kleine Auflaufform setzen. Im Ofen 10–15 Minuten grillen und dann etwas abkühlen lassen.

In der Zwischenzeit für die Füllung die Tomaten waschen, Stielansatz und Kerne entfernen und das Fruchtfleisch klein würfeln. Avocadofruchtfleisch ebenfalls in kleine Würfel schneiden und mit etwas Zitronensaft beträufeln. Zwiebel und Knoblauch schälen und sehr fein hacken. Basilikum waschen, trocken schütteln und hacken. Die vorbereiteten Zutaten in einer Schüssel vermischen und mit Salz, Pfeffer, Oregano, Essig und dem restlichen Öl würzen. Warme Pilze mit dem Tomaten-Avocado-Salat füllen.

Day 2–5: 250–300 kcal

280 kcal, 23,8 g Fett, 9,8 g Kohlenhydrate, 5,3 g Eiweiß

150 g große braune Champignons
25 g natives Olivenöl
150 g Strauchtomaten
30 g rote Zwiebel
1 kleine Knoblauchzehe
6 Blätter frisches Basilikum
1 TL getrockneter Oregano
1 EL dunkler Balsamicoessig
Salz, schwarzer Pfeffer aus der Mühle

Backofen auf 200 °C Ober-/Unterhitze oder 180 °C Umluft vorheizen.

Pilze säubern und den Stiel vorsichtig herauslösen. Pilze rundherum mit 10 g Olivenöl einpinseln und mit der offenen Seite nach unten in eine kleine Auflaufform setzen. Im Ofen 10–15 Minuten grillen und dann etwas abkühlen lassen.

In der Zwischenzeit für die Füllung die Tomaten waschen, Stielansatz und Kerne entfernen und das Fruchtfleisch klein würfeln. Zwiebel und Knoblauch schälen und sehr fein hacken. Basilikum waschen, trocken schütteln und hacken. Die vorbereiteten Zutaten in einer Schüssel vermischen und mit Salz, Pfeffer, Oregano, Essig und dem restlichen Öl würzen. Warme Pilze mit Tomatensalat füllen.

Re-Feeding-Tipp

Zur Pilz-Bruschetta passt sehr gut ein gegrillter oder gebackener Fetakäse aus dem Ofen.

Warme Hauptspeisen

Caponata siciliana

Day 1: 400–450 kcal

403 kcal, 31,4 g Fett, 18,9 g Kohlenhydrate, 6,5 g Eiweiß

1 kleine Aubergine (250 g)
30 g rote Zwiebel, 1 kleine Knoblauchzehe
25 g Stangensellerie, ½ rote Chilischote
30 g Kalamata-Oliven (in Wasser, ohne Stein)
5 g Kapern, 25 g natives Olivenöl
10 g Tomatenmark
80 g passierte Tomaten (aus der Dose)
10 ml heller Balsamicoessig
getrockneter Oregano, Chilipulver
2 EL frisch gehackte Blattpetersilie
1 EL frisch gehacktes Basilikum
Salz, schwarzer Pfeffer aus der Mühle

Backofen auf 220 °C Ober-/Unterhitze oder 200 °C Umluft vorheizen.

Aubergine waschen, putzen und in 2 cm dicke Würfel schneiden. Auberginenwürfel auf einem mit Backpapier ausgelegten Blech verteilen und 10–12 Minuten im Ofen braten, dabei zwischendurch einmal wenden.

In der Zwischenzeit die Zwiebel schälen und in Streifen schneiden. Knoblauch schälen und in Scheiben schneiden. Stangensellerie waschen und quer in Scheiben schneiden.

Chilischote putzen, entkernen und dann in feine Ringe schneiden. Oliven und Kapern abtropfen lassen.

In einer beschichteten Pfanne das Olivenöl erhitzen. Knoblauch, Zwiebel und Chili darin anbraten. Auberginen hinzufügen und rundherum braun braten. Stangensellerie dazugeben und kurz mitbraten. Tomatenmark einrühren und mitrösten. Mit passierten Tomaten ablöschen. Kapern, Oliven und Essig unterrühren. Mit Salz, Pfeffer, Oregano und Chili würzen. Temperatur reduzieren und Gemüse mit geschlossenem Deckel 15–20 Minuten garen. Zwischendurch immer wieder umrühren und bei Bedarf etwas Wasser nachgießen.

Caponata mit den frischen Kräutern bestreuen und servieren.

Day 2–5: 250–300 kcal

269 kcal, 17,4 g Fett, 18,1 g Kohlenhydrate, 6,2 g Eiweiß

1 kleine Aubergine (250 g)
30 g rote Zwiebel, 1 kleine Knoblauchzehe
25 g Stangensellerie, ½ rote Chilischote
20 g geschwärzte Oliven (in Wasser, ohne Stein)
5 g Kapern, 15 g natives Olivenöl
10 g Tomatenmark
80 g passierte Tomaten (aus der Dose)
10 ml heller Balsamicoessig
getrockneter Oregano, Chilipulver
2 EL frisch gehackte Blattpetersilie
1 EL frisch gehacktes Basilikum
Salz, schwarzer Pfeffer aus der Mühle

Backofen auf 220 °C Ober-/Unterhitze oder 200 °C Umluft vorheizen.

Aubergine waschen, putzen und in 2 cm dicke Würfel schneiden. Auberginenwürfel auf einem mit Backpapier ausgelegten Blech verteilen und 10–12 Minuten im Ofen braten, dabei zwischendurch einmal wenden.

In der Zwischenzeit die Zwiebel schälen und in Streifen schneiden. Knoblauch schälen und in Scheiben schneiden. Stangensellerie waschen und quer in Scheiben schneiden.

Chilischote putzen, entkernen und dann in feine Ringe schneiden. Oliven und Kapern abtropfen lassen.

In einer beschichteten Pfanne das Olivenöl erhitzen. Knoblauch, Zwiebel und Chili darin anbraten. Auberginen hinzufügen und rundherum braun braten. Stangensellerie dazugeben und kurz mitbraten. Tomatenmark einrühren und mitrösten. Mit passierten Tomaten ablöschen. Kapern, Oliven und Essig unterrühren. Mit Salz, Pfeffer, Oregano und Chili würzen. Temperatur reduzieren und Gemüse mit geschlossenem Deckel 15–20 Minuten garen. Zwischendurch immer wieder umrühren und bei Bedarf etwas Wasser nachgießen.

Caponata mit den frischen Kräutern bestreuen und servieren.

Möhrentagliatelle aglio e olio mit Tomaten

Day 1: 400–450 kcal mit Oliven und Macadamianüssen

426 kcal, 32,4 g Fett, 18 g Kohlenhydrate, 6 g Eiweiß

220 g Möhren (geschält und in Streifen geschnitten gewogen)
100 g Cocktailtomaten
1 Knoblauchzehe
½ rote Chilischote
5 g Blattpetersilie
20 g Kalamata-Oliven (in Wasser, ohne Stein)
25 g natives Olivenöl
10 g Tomatenmark
Chilipulver
5 g Macadamianüsse
Salz, schwarzer Pfeffer aus der Mühle

Möhren putzen, schälen und dann der Länge nach mit einem Sparschäler in Streifen hobeln. Tomaten waschen und halbieren. Knoblauch schälen und in feine Scheiben schneiden. Chilischote waschen, putzen und in feine Ringe schneiden. Petersilie waschen, trocken schütteln und sehr fein hacken. Oliven abtropfen lassen.

Ausreichend Salzwasser in einem Topf zum Kochen bringen und die Möhrenstreifen darin 2 Minuten blanchieren. Dann in ein Sieb abgießen, dabei etwas Kochwasser auffangen.

In einer beschichteten Pfanne das Öl erhitzen und Knoblauch und Chili darin anbraten. Dann die Tomaten kurz im heißen Öl schwenken. Tomatenmark einrühren und kurz mitrösten. Zum Schluss Möhren, Oliven und die Petersilie unterheben und 1 Minute garen. Ggf. etwas Kochwasser zugießen. Nach Geschmack mit Salz, Pfeffer und Chilipulver würzen. Zum Schluss die Macadamianüsse über die Möhrentagliatelle reiben.

Day 2–5: 250–300 kcal

296 kcal, 18,9 g Fett, 17,6 g Kohlenhydrate, 4,2 g Eiweiß

220 g Möhren (geschält und in Streifen geschnitten gewogen)
100 g Cocktailtomaten
1 Knoblauchzehe
½ rote Chilischote
5 g Blattpetersilie
20 g natives Olivenöl
10 g Tomatenmark
Chilipulver
Salz, schwarzer Pfeffer aus der Mühle

Möhren putzen, schälen und dann der Länge nach mit einem Sparschäler in Streifen hobeln. Tomaten waschen und halbieren. Knoblauch schälen und in feine Scheiben schneiden. Chilischote waschen, putzen und in feine Ringe schneiden. Petersilie waschen, trocken schütteln und sehr fein hacken.

Ausreichend Salzwasser in einem Topf zum Kochen bringen und die Möhrenstreifen darin 2 Minuten blanchieren. Dann in ein Sieb abgießen, dabei etwas Kochwasser auffangen.

In einer beschichteten Pfanne das Öl erhitzen und Knoblauch und Chili darin anbraten. Dann die Tomaten kurz im heißen Öl schwenken. Tomatenmark einrühren und kurz mitrösten. Zum Schluss die Möhren und die Petersilie unterheben und 1 Minute garen. Ggf. etwas Kochwasser zugießen. Nach Geschmack mit Salz, Pfeffer und Chilipulver würzen.

Re-Feeding-Tipp

Bring mehr Eiweiß in dieses geniale Gericht, indem du 150 g gebratene Garnelen oder die gleiche Menge Mozzarellakugeln untermengst.

Blumenkohlsteaks mit Chimichurri

Day 1: 400–450 kcal

422 kcal, 33,4 g Fett, 12,9 g Kohlenhydrate, 8,6 g Eiweiß

375 g Blumenkohl (in 3 Scheiben)
35 g natives Olivenöl
2 TL Baharat-Gewürz oder Ras el-Hanout (orientalische Gewürzmischung)
50 g Strauchtomate, 30 g rote Zwiebel
1 kleine Knoblauchzehe
5 g frische Blattpetersilie, 5 g frischer Koriander
2 g Thymianblättchen, 1 TL Limettensaft
Chilipulver
grobes Meersalz
Salz, schwarzer Pfeffer aus der Mühle

Backofen auf 200 °C Ober-/Unterhitze vorheizen. Ein Blech mit Backpapier auslegen.

Blumenkohl von den äußeren Blättern und vom Strunk befreien, waschen und in der Mitte 3 Scheiben à 125 g abschneiden. 20 g Olivenöl in einer Schüssel mit dem orientalischen Gewürz verrühren. Blumenkohlsteaks von beiden Seiten damit einreiben, auf das Blech legen und im Ofen 20–25 Minuten backen, bis sie Farbe annehmen, dabei einmal wenden.

In der Zwischenzeit das Chimichurri zubereiten. Dafür Tomate waschen und Stielansatz entfernen. Zwiebel und Knoblauch schälen. Kräuter waschen und trocken schütteln. Alles sehr fein schneiden bzw. hacken und in einer Schüssel mit dem restlichen Olivenöl und dem Limettensaft verrühren. Nach Geschmack mit Salz, Pfeffer und Chilipulver würzen.

Die Blumenkohlsteaks mit grobem Meersalz und Pfeffer würzen und mit dem Chimichurri servieren.

Day 2–5: 250–300 kcal

289 kcal, 23,8 g Fett, 8,9 g Kohlenhydrate, 5,9 g Eiweiß

250 g Blumenkohl (in 2 Scheiben)
25 g natives Olivenöl
1 TL Baharat-Gewürz oder Ras el-Hanout (orientalische Gewürzmischung)
25 g Strauchtomate, 20 g rote Zwiebel
1 kleine Knoblauchzehe
5 g frische Blattpetersilie, 5 g frischer Koriander
2 g Thymianblättchen, 1 TL Limettensaft
Chilipulver
grobes Meersalz
Salz, schwarzer Pfeffer aus der Mühle

Backofen auf 200 °C Ober-/Unterhitze vorheizen. Ein Blech mit Backpapier auslegen.

Blumenkohl von den äußeren Blättern und vom Strunk befreien, waschen und in der Mitte 2 Scheiben à 125 g abschneiden. 10 g Olivenöl mit dem orientalischen Gewürz verrühren. Blumenkohlsteaks von beiden Seiten damit einreiben, auf das Blech legen und im Ofen 20–25 Minuten backen, bis sie Farbe annehmen, dabei zwischendurch einmal wenden.

In der Zwischenzeit das Chimichurri zubereiten. Dafür Tomate waschen und Stielansatz entfernen. Zwiebel und Knoblauch schälen. Kräuter waschen und trocken schütteln. Alles sehr fein schneiden bzw. hacken und in einer Schüssel mit dem restlichen Olivenöl und dem Limettensaftverrühren. Nach Geschmack mit Salz, Pfeffer und Chilipulver würzen.

Die Blumenkohlsteaks mit grobem Meersalz und Pfeffer würzen und mit dem Chimichurri servieren.

Sellerietagliatelle in Pilz-Senf-Soße

Day 1: 400–450 kcal

409 kcal, 32,7 g Fett, 12 g Kohlenhydrate, 9,8 g Eiweiß

220 g Knollensellerie (geschält und in Streifen geschnitten gewogen)
ein paar Spritzer Zitronensaft
30 g Schalotte
120 g braune Champignons
100 ml Mandeldrink (geröstet, ungesüßt)
15 g Cashewnussmus, 5 g mittelscharfer Senf
25 g natives Olivenöl
geriebene Muskatnuss
1 EL frisch gehackte Petersilie
schwarzer Pfeffer aus der Mühle
Salz

Sellerie schälen und mit einem Spiralschneider in Nudelform schneiden oder mit einem Sparschäler in Streifen hobeln. Selleriestreifen in ein Sieb geben, salzen und mit etwas Zitronensaft beträufeln. 10 Minuten ziehen lassen.

In der Zwischenzeit die Schalotte abziehen und fein hacken. Pilze säubern und in Scheiben schneiden. Mandeldrink, Cashewnussmus und Senf in einer Schüssel verrühren.

Olivenöl in einer beschichteten Pfanne erhitzen und Schalotten darin andünsten. Pilze hinzufügen und 2–3 Minuten braten. Mit Salz, Pfeffer und Muskat würzen. Selleriestreifen gut ausdrücken, zu den Pilzen geben und 1–2 Minuten mitbraten. Dann mit der Mandelsoße ablöschen und diese 2–3 Minuten einköcheln lassen. Zwischendurch bei Bedarf etwas Wasser zugießen und gut verrühren.

Sellerietagliatelle in einen tiefen Teller geben, mit Petersilie bestreuen und nach Geschmack mit Pfeffer würzen.

Day 2–5: 250–300 kcal

272 kcal, 20,8 g Fett, 9 g Kohlenhydrate, 7 g Eiweiß

180 g Knollensellerie (geschält und in Streifen geschnitten gewogen)
ein paar Spritzer Zitronensaft
25 g Schalotte
70 g braune Champignons
80 ml Mandeldrink (geröstet, ungesüßt)
10 g Cashewnussmus, 5 g mittelscharfer Senf
15 g natives Olivenöl
geriebene Muskatnuss
1 EL frisch gehackte Petersilie
schwarzer Pfeffer aus der Mühle
Salz

Sellerie schälen und mit einem Spiralschneider in Nudelform schneiden oder mit einem Sparschäler in Streifen hobeln. Selleriestreifen in ein Sieb geben, salzen und mit etwas Zitronensaft beträufeln. 10 Minuten ziehen lassen.

In der Zwischenzeit die Schalotte abziehen und fein hacken. Pilze säubern und in Scheiben schneiden. Mandeldrink, Cashewnussmus und Senf in einer Schüssel verrühren.

Olivenöl in einer beschichteten Pfanne erhitzen und Schalotten darin andünsten. Pilze hinzufügen und 2–3 Minuten braten. Mit Salz, Pfeffer und Muskat würzen. Selleriestreifen gut ausdrücken, zu den Pilzen geben und 1–2 Minuten mitbraten. Dann mit der Mandelsoße ablöschen und diese 2–3 Minuten einköcheln lassen. Zwischendurch bei Bedarf etwas Wasser zugießen und gut verrühren.

Sellerietagliatelle in einen tiefen Teller geben, mit Petersilie bestreuen und nach Geschmack mit Pfeffer würzen.

Re-Feeding-Tipp

Zwei Tipps für mehr Eiweiß: Erhöhe die Pilzmenge auf 200 g und brate zusätzlich 100–125 g Schweine- oder Hähnchengeschnetzeltes mit an. Lass die Soße anschließend 10–15 Minuten garen.

Spargel aus dem Ofen mit Senf-Macadamia-Soße

Day 1: 400–450 kcal

440 kcal, 40,6 g Fett, 9,4 g Kohlenhydrate, 7,7 g Eiweiß

220 g grüner Spargel (geputzt gewogen)
125 g Cocktailtomaten
4 Zweige getrockneter Thymian
15 g Macadamianüsse (geröstet, gesalzen)
10 g mittelscharfer Senf
1 g Knoblauchpulver
30 g natives Olivenöl
Cayennepfeffer
Salz, schwarzer Pfeffer

Backofen auf 180 °C Grad Ober-/Unterhitze vorheizen.

Spargel waschen, das holzige untere Ende (2–3 cm) abschneiden. Den Spargel erst dann abwiegen. Cocktailtomaten waschen und halbieren. Blätter von 1 Thymianzweig abzupfen.

Macadamianüsse in einem Mörser oder mit einem Mixer zermahlen und in einer Schüssel mit Senf, Knoblauchpulver, den abgezupften Thymianblättern und 20 g Olivenöl verrühren.

Spargelstangen nebeneinander in eine Auflaufform legen und mit dem restlichen Öl bestreichen. Tomaten darauf verteilen. Mit Salz, Pfeffer und Cayennepfeffer würzen. Senf-Macadamia-Soße über das Gemüse träufeln. Die restlichen Thymianzweige dazulegen und Spargel ca. 25 Minuten im Ofen backen.

Day 2–5: 250–300 kcal

296 kcal, 25,7 g Fett, 8 g Kohlenhydrate, 6,6 g Eiweiß

200 g grüner Spargel (geputzt gewogen)
100 g Cocktailtomaten
4 Zweige getrockneter Thymian
8 g Macadamianüsse (geröstet, gesalzen)
10 g mittelscharfer Senf
1 g Knoblauchpulver
20 g natives Olivenöl
Cayennepfeffer
Salz, schwarzer Pfeffer

Backofen auf 180 °C Grad Ober-/Unterhitze vorheizen.

Spargel waschen, das holzige untere Ende (2–3 cm) abschneiden. Den Spargel erst dann abwiegen. Cocktailtomaten waschen und halbieren. Blätter von 1 Thymianzweig abzupfen.

Macadamianüsse in einem Mörser oder mit einem Mixer zermahlen und in einer Schüssel mit Senf, Knoblauchpulver, den abgezupften Thymianblättern und 15 g Olivenöl verrühren.

Spargelstangen nebeneinander in eine Auflaufform legen und mit dem restlichen Öl bestreichen. Tomaten darauf verteilen. Mit Salz, Pfeffer und Cayennepfeffer würzen. Senf-Macadamia-Soße über das Gemüse träufeln. Die restlichen Thymianzweige dazulegen und Spargel ca. 25 Minuten im Ofen backen.

Re-Feeding-Tipp

Statt der eiweißarmen Macadamianüsse empfehlen wir dir, den Spargel mit 2–3 EL geriebenen Parmesan und 1 EL Pinienkernen zu bestreuen und anschließend im Ofen zu backen.

Bunte Gemüse-Bowl

Day 1: 400–450 kcal mit Avocado

428 kcal, 32 g Fett, 15,3 g Kohlenhydrate, 7,8 g Eiweiß

80 g Brokkoliröschen (frisch oder TK)
100 g Möhre (geschält gewogen)
1 kleiner Pak Choi (150 g), 30 g natives Olivenöl
Knoblauch-, Curry- und Chilipulver
geräuchertes Paprikapulver (oder rosenscharfes bzw. edelsüßes Paprikapulver)
30 g Radicchio, 50 g Cocktailtomaten
30 g Radieschen, 60 g nicht zu weiches Avocadofruchtfleisch, ein paar Spritzer Zitronensaft
5 g Tomatenmark, 10 g heller Balsamicoessig
Salz, schwarzer Pfeffer aus der Mühle

Backofen auf 200 °C Ober-/Unterhitze vorheizen.

Frischen Brokkoli putzen und waschen. Röschen ggf. halbieren oder vierteln. Möhre schälen und quer in 1 cm dicke Scheiben schneiden. Pak Choi waschen und längs vierteln.

Pak Choi mit den Schnittflächen nach oben auf das Blech legen. Die Oberfläche dünn mit Olivenöl einpinseln. Mit Knoblauch-, Curry-, Chilipulver und Salz würzen. Die Möhren in eine Schüssel geben und kräftig mit Paprikapulver würzen. 5 g Olivenöl und etwas Salz untermischen. Brokkoli in einer Schüssel mit 5 g Olivenöl vermischen und salzen. Möhre und Brokkoli auch auf dem Blech verteilen und im Ofen backen. Pak Choi nach 10 Minuten verteilen und im Ofen backen, aus dem Ofen holen. Brokkoli und Möhren weitere 5 Minuten backen.

In der Zwischenzeit Radicchio waschen und in Streifen schneiden. Tomaten waschen und halbieren. Radieschen waschen und in feine Scheiben schneiden. Avocadofruchtfleisch in Spalten schneiden und mit etwas Zitronensaft beträufeln.

Restliches Olivenöl, Tomatenmark und Essig in ein Schraubglas geben. Glas verschließen und schütteln, bis sich die Zutaten zu einem Dressing verbunden haben, ggf. mit etwas Wasser verdünnen.

In einer Bowlschale alle Zutaten nebeneinander anrichten, mit dem Dressing beträufeln und nach Geschmack mit Salz und Pfeffer würzen.

Day 2–5: 250–300 kcal

289 kcal, 19,6 g Fett, 14,1 g Kohlenhydrate, 6,9 g Eiweiß

80 g Brokkoliröschen (frisch oder TK)
100 g Möhre (geschält gewogen)
1 kleiner Pak Choi (150 g), 20 g natives Olivenöl
Knoblauch-, Curry- und Chilipulver
geräuchertes Paprikapulver (oder rosenscharfes bzw. edelsüßes Paprikapulver)
30 g Radicchio, 50 g Cocktailtomaten
30 g Radieschen, 5 g Tomatenmark
10 g heller Balsamicoessig
Salz, schwarzer Pfeffer aus der Mühle

Backofen auf 200 °C Ober-/Unterhitze vorheizen.

Frischen Brokkoli putzen und waschen. Röschen ggf. halbieren oder vierteln. Möhre schälen und quer in 1 cm dicke Scheiben schneiden. Pak Choi waschen und längs vierteln.

Pak Choi mit den Schnittflächen nach oben auf das Blech legen. Die Oberfläche dünn mit Olivenöl einpinseln. Mit Knoblauch-, Curry-, Chilipulver und Salz würzen. Die Möhren in eine Schüssel geben und kräftig mit Paprikapulver würzen. 5 g Olivenöl und etwas Salz untermischen. Brokkoli in einer Schüssel mit 5 g Olivenöl vermischen und salzen. Möhre und Brokkoli auch auf dem Blech verteilen und im Ofen backen. Pak Choi nach 10 Minuten verteilen und im Ofen backen, aus dem Ofen holen. Brokkoli und Möhren weitere 5 Minuten backen.

In der Zwischenzeit Radicchio waschen und in Streifen schneiden. Tomaten waschen und halbieren. Radieschen waschen und in feine Scheiben schneiden.

Restliches Olivenöl, Tomatenmark und Essig in ein Schraubglas geben. Glas verschließen und schütteln, bis sich die Zutaten zu einem Dressing verbunden haben, ggf. etwas Wasser hinzufügen.

In einer Bowlschale alle Zutaten nebeneinander anrichten, mit dem Dressing beträufeln und nach Geschmack mit Salz und Pfeffer würzen.

Mediterrane grüne Gemüse-Bowl

Day 1: 400–450 kcal

416 kcal, 34,5 g Fett, 14,3 Kohlenhydrate, 8,2 Eiweiß

Salz, 100 g grüne Bohnen (frisch oder TK)
100 g grüne Paprika
100 g grüner Spargel
50 g Gurke (geschält und in Streifen geschnitten gewogen)
25 g Stangensellerie, 30 g Babyspinat
30 g grüne Oliven (in Wasser, ohne Stein)
30 g natives Olivenöl, Chiliflocken
5 g mittelscharfer Senf
10 g heller Balsamicoessig
grobes Meersalz, bunter Pfeffer aus der Mühle

Einen Topf mit ausreichend Salzwasser zum Kochen bringen. Frische Bohnen putzen und waschen. Bohnen in den Topf geben und 7–10 Minuten im Salzwasser blanchieren. Dann in ein Sieb abgießen und mit kaltem Wasser abschrecken.

Paprika waschen, putzen und in Streifen schneiden. Spargel waschen und das untere holzige Ende abschneiden. Gurke schälen und das Fruchtfleisch mit einem Sparschäler längs in dünne Streifen hobeln. Gurkenstreifen aufrollen. Stangensellerie waschen und schräg in Scheiben schneiden. Spinat waschen, verlesen und trocken schütteln. Oliven abtropfen lassen.

10 g Olivenöl in einer beschichteten Pfanne erhitzen. Den Spargel darin scharf anbraten. Dann Hitze reduzieren und Spargel weitere 5 Minuten garen. Mit Salz würzen und ggf. etwas Wasser hinzufügen. Spargel herausnehmen.
5 g Olivenöl in derselben Pfanne erhitzen. Paprika darin in 2–4 Minuten bissfest braten. Mit Salz und Chiliflocken würzen.

Für das Dressing das restliche Olivenöl, etwas Salz, Senf und Essig in ein Schraubglas geben. Glas verschließen und schütteln, bis sich die Zutaten zu einem Dressing verbunden haben.

Alle Zutaten nebeneinander in einem tiefen Teller anrichten. Mit Dressing beträufeln und mit grobem Meersalz, Pfeffer und Chiliflocken würzen.

Day 2–5: 250–300 kcal

292 kcal, 23,3 g Fett, 11,5 Kohlenhydrate, 6,3 g Eiweiß

Salz, 70 g grüne Bohnen (frisch oder TK)
70 g grüne Paprika
70 g grüner Spargel
50 g Gurke (geschält und in Streifen geschnitten gewogen)
25 g Stangensellerie, 30 g Babyspinat
20 g grüne Oliven (in Wasser, ohne Stein)
20 g natives Olivenöl, Chiliflocken
5 g mittelscharfer Senf
10 g heller Balsamicoessig
grobes Meersalz, bunter Pfeffer aus der Mühle

Einen Topf mit ausreichend Salzwasser zum Kochen bringen. Frische Bohnen putzen und waschen. Bohnen in den Topf geben und 7–10 Minuten im Salzwasser blanchieren. Dann in ein Sieb abgießen und mit kaltem Wasser abschrecken.

Paprika waschen, putzen und in Streifen schneiden. Spargel waschen und das untere holzige Ende abschneiden. Gurke schälen und das Fruchtfleisch mit einem Sparschäler längs in dünne Streifen hobeln. Gurkenstreifen aufrollen. Stangensellerie waschen und schräg in Scheiben schneiden. Spinat waschen, verlesen und trocken schütteln. Oliven abtropfen lassen.

5 g Olivenöl in einer beschichteten Pfanne erhitzen. Den Spargel darin scharf anbraten. Dann Hitze reduzieren und Spargel weitere 5 Minuten garen. Mit Salz würzen und ggf. etwas Wasser hinzufügen. Spargel herausnehmen.
5 g Olivenöl in derselben Pfanne erhitzen. Paprika darin in 2–4 Minuten bissfest braten. Mit Salz und Chiliflocken würzen.

Für das Dressing das restliche Olivenöl, etwas Salz, Senf und Essig in ein Schraubglas geben. Glas verschließen und schütteln, bis sich die Zutaten zu einem Dressing verbunden haben.

Alle Zutaten nebeneinander in einem tiefen Teller anrichten. Mit Dressing beträufeln und mit grobem Meersalz, Pfeffer und Chiliflocken würzen.

Ofen-Spitzkohl mit Avocado-Senf-Creme

Day 1: 400–450 kcal

445 kcal, 33,7 g Fett, 12,7 g Kohlenhydrate, 9,8 g Eiweiß

1 Spitzkohl (für 2 Stücke à 175 g)
20 g natives Olivenöl
Currypulver (nach Geschmack mild oder scharf)
1 kleine Knoblauchzehe
100 g weiches Avocadofruchtfleisch
2 TL Zitronensaft
10 g körniger Senf (möglichst ohne Zucker; oder mittelscharfer Senf)
Chiliflocken
Salz, schwarzer Pfeffer aus der Mühle

Backofen auf 200 °C Umluft oder 220 °C Ober-/Unterhitze vorheizen.

Einen ganzen Spitzkohl waschen und halbieren. Die Hälften nochmals längs halbieren, sodass man 2 Stücke à 175 g erhält. Spitzkohl mit den Schnittflächen nach oben in eine kleine Auflaufform setzen und mit 10 g Olivenöl einpinseln. Mit Salz, Pfeffer und Currypulver würzen und 20–25 Minuten im Ofen backen. Zwischendurch etwas Wasser in die Auflaufform gießen.

In der Zwischenzeit Knoblauch schälen und mit dem Avocadofruchtfleisch, dem Zitronensaft und dem Senf in einem Standmixer pürieren. Mit Salz und Pfeffer würzen und das restliche Olivenöl unterrühren.

Spitzkohl mit Avocado-Senf-Creme servieren und mit Chiliflocken bestreuen.

Day 2–5: 250–300 kcal

272 kcal, 20,2 g Fett, 8,1 g Kohlenhydrate, 6,2 g Eiweiß

1 möglichst kleiner Spitzkohl (für 1 Stück à 200 g)
10 g natives Olivenöl
Currypulver (nach Geschmack mild oder scharf)
1 kleine Knoblauchzehe
70 g weiches Avocadofruchtfleisch
2 TL Zitronensaft
10 g körniger Senf (möglichst ohne Zucker; oder mittelscharfer Senf)
Chiliflocken
Salz, schwarzer Pfeffer aus der Mühle

Backofen auf 200 °C Umluft oder 220 °C Ober-/Unterhitze vorheizen.

Spitzkohl waschen und halbieren. Von einer Hälfte den Strunk herausschneiden und 200 g Spitzkohl in Form eines Tortenstückes abschneiden. Spitzkohl mit den Schnittflächen nach oben in eine kleine Auflaufform setzen und mit 5 g Olivenöl einpinseln. Mit Salz, Pfeffer und Currypulver würzen und 20–25 Minuten im Ofen backen. Zwischendurch etwas Wasser in die Auflaufform gießen.

In der Zwischenzeit Knoblauch schälen und mit dem Avocadofruchtfleisch, dem Zitronensaft und dem Senf in einem Standmixer pürieren. Mit Salz und Pfeffer würzen und das restliche Olivenöl unterrühren.

Spitzkohl mit Avocado-Senf-Creme servieren und mit Chiliflocken bestreuen.

Re-Feeding-Tipp

Magst du es deftig? Streu über den Spitzkohl 30 g Speckwürfel und 50 g Gratinkäse und lass ihn im Ofen zerfließen

Knackiges Gemüsecurry

Day 1: 400–450 kcal mit Erdnüssen

431 kcal, 34,1 g Fett, 16,2 g Kohlenhydrate, 9,9 g Eiweiß

70 g gelbe Paprika, 50 g Zucchini
50 g grüne Bohnen (frisch oder TK)
50 g Babyspinat, ½ Frühlingszwiebel
½ Chilischote, 50 g Strauchtomate
50 g Möhre (geschält gewogen)
1 kleine Knoblauchzehe
10 g Kokosöl, 5 g geriebener Ingwer
⅓ TL gemahlene Kurkuma, ½ TL Currypulver
110 g Kokosmilch, 2 EL frisch gehackter Koriander
10 g Erdnüsse (geröstet, gesalzen)
Salz, schwarzer Pfeffer

Paprika, Zucchini, frische Bohnen, Spinat, Frühlingszwiebel und Chilischote putzen und waschen. Paprika längs in Streifen und Zucchini quer in Scheiben schneiden, Scheiben nochmals halbieren. Frühlingszwiebel und Chili in Ringe schneiden. Längere Bohnen halbieren. Tomate vorsichtig schälen, den Stielansatz entfernen und das Fruchtfleisch in mundgerechte Stücke schneiden. Möhre schälen und in Scheiben schneiden. Knoblauch abziehen und in feine Scheiben schneiden.

In einer beschichteten Pfanne das Kokosöl erhitzen. Knoblauch und Chili darin kurz anbraten. Ingwer, Kurkuma und Currypulver dazugeben und kurz mitrösten. Paprikastreifen, Zucchini-, Möhrenscheiben und Bohnen untermischen und 1 Minute mitbraten. 50 ml Wasser angießen, Tomaten hinzufügen und das Gemüse 4 Minuten bei niedriger Hitze garen. Mit Salz und Pfeffer würzen. Kokosmilch einrühren und weitere 4 Minuten köcheln lassen. Bei Bedarf etwas Wasser nachgießen. Zum Schluss den Spinat ins Curry geben und so lange garen, bis er zusammenfällt.

Curry in einen tiefen Teller geben und mit Koriander, Frühlingszwiebeln und Erdnüssen bestreuen.

Day 2–5: 250–300 kcal

296 kcal, 20,8 g Fett, 15 g Kohlenhydrate, 7 g Eiweiß

70 g gelbe Paprika, 50 g Zucchini
50 g grüne Bohnen (frisch oder TK)
50 g Babyspinat, ½ Frühlingszwiebel
½ Chilischote, 50 g Strauchtomate
50 g Möhre (geschält gewogen)
1 kleine Knoblauchzehe
5 g Kokosöl, 5 g geriebener Ingwer
⅓ TL gemahlene Kurkuma, ½ TL Currypulver
90 g Kokosmilch, 2 EL frisch gehackter Koriander
Salz, schwarzer Pfeffer

Paprika, Zucchini, frische Bohnen, Spinat, Frühlingszwiebel und Chilischote putzen und waschen. Paprika längs in Streifen und Zucchini quer in Scheiben schneiden, Scheiben nochmals halbieren. Frühlingszwiebel und Chili in Ringe schneiden. Längere Bohnen halbieren. Tomate vorsichtig schälen, den Stielansatz entfernen und das Fruchtfleisch in mundgerechte Stücke schneiden. Möhre schälen und in Scheiben schneiden. Knoblauch abziehen und in feine Scheiben schneiden.

In einer beschichteten Pfanne das Kokosöl erhitzen. Knoblauch und Chili darin kurz anbraten. Ingwer, Kurkuma und Currypulver dazugeben und kurz mitrösten. Paprikastreifen, Zucchini-, Möhrenscheiben und Bohnen untermischen und 1 Minute mitbraten. 50 ml Wasser angießen, Tomaten hinzufügen und das Gemüse 4 Minuten bei niedriger Hitze garen. Mit Salz und Pfeffer würzen. Kokosmilch einrühren und weitere 4 Minuten köcheln lassen. Bei Bedarf etwas Wasser nachgießen. Zum Schluss den Spinat ins Curry geben und so lange garen, bis er zusammenfällt.

Curry in einen tiefen Teller geben und mit Koriander und Frühlingszwiebeln bestreuen.

Re-Feeding-Tipp

So schmeckt ein Curry immer: vegan mit Kichererbsen oder Tofu oder mit tierischem Protein aus Garnelen oder Hähnchenbruststreifen.

Peperonata

Day 1: 400–450 kcal mit Oliven

296 kcal, 20,8 g Fett, 15 g Kohlenhydrate, 7 g Eiweiß

150 g grüne Paprika
150 g gelbe Paprika
125 g Strauchtomaten
30 g rote Zwiebel
1 kleine Knoblauchzehe
30 g natives Olivenöl
5 g Tomatenmark
15 g Kalamata-Oliven (in Wasser, ohne Stein)
Chilipulver, 4–6 Blätter frisches Basilikum
Salz, schwarzer Pfeffer aus der Mühle

Paprikas waschen, putzen und längs in Streifen schneiden. Tomaten waschen, Stielansatz entfernen und Fruchtfleisch grob würfeln. Zwiebel schälen und in Streifen schneiden. Knoblauch schälen und in feine Scheiben schneiden.

In einer beschichteten Pfanne das Olivenöl erhitzen. Zwiebel und Knoblauch darin andünsten. Paprikastreifen hinzufügen und unter Rühren 8–10 Minuten braten. Dann Tomatenmark einrühren, etwas Wasser hinzufügen und 1 weitere Minute köcheln lassen. Zum Schluss die Tomaten und die Oliven dazugeben, mit Salz, Pfeffer und Chilipulver würzen und alles weitere 8–10 Minuten bei niedriger Temperatur köcheln lassen. Zwischendurch etwas Wasser hinzufügen.

Das Basilikum waschen, trocken schütteln und in Streifen schneiden. Peperonata in einen tiefen Teller füllen und mit Basilikum bestreuen.

Day 2–5: 250–300 kcal

260 kcal, 14,7 g Fett, 18,9 g Kohlenhydrate, 5,3 g Eiweiß

150 g grüne Paprika
150 g gelbe Paprika
125 g Strauchtomaten
30 g rote Zwiebel
1 kleine Knoblauchzehe
15 g natives Olivenöl
5 g Tomatenmark
Chilipulver, 4–6 Blätter frisches Basilikum
Salz, schwarzer Pfeffer aus der Mühle

Paprikas waschen, putzen und längs in Streifen schneiden. Tomaten waschen, Stielansatz entfernen und Fruchtfleisch grob würfeln. Zwiebel schälen und in Streifen schneiden. Knoblauch schälen und in feine Scheiben schneiden.

In einer beschichteten Pfanne das Olivenöl erhitzen. Zwiebel und Knoblauch darin andünsten. Paprikastreifen hinzufügen und unter Rühren 8–10 Minuten braten. Dann Tomatenmark einrühren, etwas Wasser hinzufügen und 1 weitere Minute köcheln lassen. Zum Schluss die Tomaten dazugeben, mit Salz, Pfeffer und Chilipulver würzen und alles weitere 8–10 Minuten bei niedriger Temperatur köcheln lassen. Zwischendurch etwas Wasser hinzufügen.

Das Basilikum waschen, trocken schütteln und in Streifen schneiden. Peperonata in einen tiefen Teller füllen und mit Basilikum bestreuen.

Re-Feeding-Tipp

So einfach mit mehr Eiweiß: Streu am Ende 100 g zerbröckelten Fetakäse über die Peperonata.

Zucchinispaghetti mit Basilikum-Pesto

Day 1: 400–450 kcal

420 kcal, 38,3 g Fett, 6,3 g Kohlenhydrate, 6,8 g Eiweiß

1 Zucchini (300 g)
10 g Pekannüsse
1 kleine Knoblauchzehe
15 g frisches Basilikum
30 g natives Olivenöl
Chilipulver
1 Macadamianuss
Salz, schwarzer Pfeffer aus der Mühle

Zucchini putzen und mit einem Spiralschneider in Spaghettiform schneiden. Pekannüsse in einer beschichteten Pfanne ohne Fett rösten. Knoblauch schälen.

Für das Pesto das Basilikum waschen und trocken schütteln. 3 Blätter beiseitelegen. Das restliche Basilikum mit Pekannüssen, 25 g Olivenöl, Knoblauch und etwas Wasser in einem Standmixer pürieren. Mit Salz und Pfeffer abschmecken.

Das restliche Olivenöl in einer beschichteten Pfanne erhitzen. Zucchinispaghetti darin 2–3 Minuten anbraten. Pesto gut mit den Zucchinispaghetti vermischen. Nach Geschmack mit Salz, Pfeffer und Chilipulver würzen.

Zucchinispaghetti in einen tiefen Teller geben. Macadamianuss darüberreiben und die beiseitegelegten Basilikumblätter darauflegen.

Day 2–5: 250–300 kcal

299 kcal, 27,3 g Fett, 6,3 g Kohlenhydrate, 4,8 g Eiweiß

1 Zucchini (200 g)
8 g Pekannüsse
1 kleine Knoblauchzehe
10 g frisches Basilikum
20 g natives Olivenöl
Chilipulver
1 Macadamianuss
Salz, schwarzer Pfeffer aus der Mühle

Zucchini putzen, schälen und mit einem Spiralschneider in Spaghettiform schneiden. Pekannüsse in einer beschichteten Pfanne ohne Fett rösten. Knoblauch schälen.

Für das Pesto das Basilikum waschen und trocken schütteln. 3 Blätter beiseitelegen. Das restliche Basilikum mit Pekannüssen, 15 g Olivenöl, Knoblauch und etwas Wasser in einem Standmixer pürieren. Mit Salz und Pfeffer abschmecken.

Das restliche Olivenöl in einer beschichteten Pfanne erhitzen. Zucchinispaghetti darin 2–3 Minuten anbraten. Pesto gut mit den Zucchinispaghetti vermischen. Nach Geschmack mit Salz, Pfeffer und Chilipulver würzen.

Zucchinispaghetti in einen tiefen Teller geben. Macadamianuss darüberreiben und die beiseitegelegten Basilikumblätter darauflegen.

Re-Feeding-Tipp

Lege 2 Spiegeleier über die Spaghetti: Das ist ein Hingucker mit Eiweiß-Kick.

DYING FOR A GREAT CAUSE CAN NEVER BE
COUNTED AS A FAILURE.

Vanille-Thymian-Gemüse aus dem Ofen

Day 1: 400–450 kcal

422 kcal, 33,2 g Fett, 17,1 g Kohlenhydrate, 6,3 g Eiweiß

180 g Snackmöhren
180 g Kohlrabi (geschält gewogen)
4–5 Zweige Thymian
1 Vanilleschote (oder ⅓ TL gemahlene Vanille)
30 g natives Olivenöl
8 g gemahlene Haselnüsse
Chilipulver
Salz

Den Backofen auf 200 °C Ober-/Unterhitze vorheizen.

Möhren putzen und waschen (nicht schälen!). Kohlrabi in 1 cm breite Stäbchen schneiden. Beides in eine Schüssel geben. Thymian waschen und trocken schütteln, die Blättchen von 1 Zweig abstreifen. Vanilleschote mit einem Messer der Länge nach aufschlitzen und das Mark herauskratzen.

Olivenöl, gemahlene Nüsse, Vanillemark (oder gemahlene Vanille) und Thymianblättchen in einer Schüssel verrühren und dann gut mit dem Gemüse vermengen. Gemüse möglichst nebeneinander in eine Auflaufform legen. Nach Geschmack mit Salz und Chilipulver würzen und die restlichen Thymianzweige darauflegen.

Gemüse 15–20 Minuten im Ofen backen. Zwischendurch einmal wenden.

Day 2–5: 250–300 kcal

299 kcal, 22,1 g Fett, 14,3 g Kohlenhydrate, 5 g Eiweiß

150 g Snackmöhren
150 g Kohlrabi (geschält gewogen)
4–5 Zweige Thymian
1 Vanilleschote (oder ⅓ TL gemahlene Vanille)
20 g natives Olivenöl
5 g gemahlene Haselnüsse
Chilipulver
Salz

Den Backofen auf 200 °C Ober-/Unterhitze vorheizen.

Möhren putzen und waschen (nicht schälen!). Kohlrabi in 1 cm breite Stäbchen schneiden. Beides in eine Schüssel geben. Thymian waschen und trocken schütteln, die Blättchen von 1 Zweig abstreifen. Vanilleschote mit einem Messer der Länge nach aufschlitzen und das Mark herauskratzen.

Olivenöl, gemahlene Nüsse, Vanillemark (oder gemahlene Vanille) und Thymianblättchen in einer Schüssel verrühren und dann gut mit dem Gemüse vermengen. Gemüse möglichst nebeneinander in eine Auflaufform legen. Nach Geschmack mit Salz und Chilipulver würzen und die restlichen Thymianzweige darauflegen.

Gemüse 15–20 Minuten im Ofen backen. Zwischendurch einmal wenden.

Re-Feeding-Tipp

Dieses leckere vanillige Ofengemüse macht sich hervorragend zu einem gebratenen weißen Fisch wie Zander, Seelachs oder Kabeljau.

Möhrencouscous in Zucchini-Rahm

Day 1: 400–450 kcal

405 kcal, 30,5 g Fett, 16,9 g Kohlenhydrate, 6,2 g Eiweiß

170 g Möhren (geschält gewogen)
150 g Zucchini
25 g rote Zwiebel
20 g Tomatenmark
100 ml Mandeldrink (ungesüßt, geröstet)
25 g natives Olivenöl
20 g Kalamata-Oliven (in Wasser, ohne Stein) oder
30 g geschwärzte Oliven (in Wasser, ohne Stein)
getrockneter Oregano
Cayennepfeffer
Salz, bunter Pfeffer aus der Mühle

Geschälte Möhren in einer Küchenmaschine zu einer grobkörnigen Masse verarbeiten. Zucchini putzen, waschen, der Länge nach halbieren und in Scheiben schneiden.

Zwiebel schälen und fein hacken. Tomatenmark in einer Schüssel mit dem Mandeldrink verrühren.

Olivenöl in einer beschichteten Pfanne erhitzen. Zwiebeln darin andünsten. Zucchinischeiben dazugeben und braten, bis sie etwas Farbe annehmen. Mit Salz und Pfeffer würzen. Tomaten-Mandel-Mischung einrühren und 2–3 Minuten köcheln lassen. Möhren und Oliven dazugeben. Alles gut vermischen und 1–2 Minuten garen. Mit Oregano und Cayennepfeffer würzen.

Day 2–5: 250–300 kcal

263 kcal, 15,4 g Fett, 16,9 g Kohlenhydrate, 6,1 g Eiweiß

170 g Möhren (geschält gewogen)
150 g Zucchini
25 g rote Zwiebel
20 g Tomatenmark
100 ml Mandeldrink (ungesüßt, geröstet)
10 g natives Olivenöl
15 g Kalamata-Oliven (in Wasser, ohne Stein) oder
30 g geschwärzte Oliven (in Wasser, ohne Stein)
getrockneter Oregano
Cayennepfeffer
Salz, bunter Pfeffer aus der Mühle

Geschälte Möhren in einer Küchenmaschine zu einer grobkörnigen Masse verarbeiten. Zucchini putzen, waschen, der Länge nach halbieren und in Scheiben schneiden.

Zwiebel schälen und fein hacken. Tomatenmark in einer Schüssel mit dem Mandeldrink verrühren.

Olivenöl in einer beschichteten Pfanne erhitzen. Zwiebeln darin andünsten. Zucchinischeiben dazugeben und braten, bis sie etwas Farbe annehmen. Mit Salz und Pfeffer würzen. Tomaten-Mandel-Mischung einrühren und 2–3 Minuten köcheln lassen. Möhren und Oliven dazugeben. Alles gut vermischen und 1–2 Minuten garen. Mit Oregano und Cayennepfeffer würzen.

Konjaknudeln mit Pak-Choi in Curry-Chili-Öl

Day 1: 400–450 kcal

417 kcal, 37,3 g Fett, 8,3 g Kohlenhydrate, 8,7 g Eiweiß

200 g Konjakspaghetti
300 g Baby-Pak-Choi
2 kleine Knoblauchzehen
½ rote Chilischote
30 g Erdnuss- oder Kokosöl
½ TL Currypulver
3 TL dunkle Sojasoße
1 TL geriebener Ingwer
Chiliflocken
2 EL frisch gehackter Koriander
15 g Erdnüsse (geröstet, gesalzen)
Salz, schwarzer Pfeffer

Konjakspaghetti in ein Sieb geben, gründlich unter kaltem Wasser spülen und abtropfen lassen.

Pak Choi putzen, waschen und quer in Streifen schneiden. Knoblauch schälen und in feine Scheiben schneiden. Chili putzen, waschen und in Ringe schneiden.

In einem Wok oder einer beschichteten Pfanne das Öl erhitzen. Knoblauch und Chili darin anbraten. Currypulver unterrühren und kurz mitrösten. Pak Choi hinzufügen und 1 Minute kräftig mitbraten. Mit Sojasoße und etwas Wasser ablöschen. Ingwer und Konjaknudeln unterheben und 2–3 Minuten garen. Nach Geschmack mit Salz, Pfeffer und Chiliflocken würzen und mit Koriander und Erdnüssen bestreuen.

Day 2–5: 250–300 kcal

291 kcal, 24,4 g Fett, 7,6 g Kohlenhydrate, 6,8 g Eiweiß

200 g Konjakspaghetti
300 g Baby-Pak-Choi
2 kleine Knoblauchzehen
½ rote Chilischote
20 g Erdnuss- oder Kokosöl
½ TL Currypulver
3 TL dunkle Sojasoße
1 TL geriebener Ingwer
Chiliflocken
2 EL frisch gehackter Koriander
8 g Erdnüsse (geröstet, gesalzen)
Salz, schwarzer Pfeffer

Konjakspaghetti in ein Sieb geben, gründlich unter kaltem Wasser spülen und abtropfen lassen.

Pak Choi putzen, waschen und quer in Streifen schneiden. Knoblauch schälen und in feine Scheiben schneiden. Chili putzen, waschen und in Ringe schneiden.

In einem Wok oder einer beschichteten Pfanne das Öl erhitzen. Knoblauch und Chili darin anbraten. Currypulver unterrühren und kurz mitrösten. Pak Choi hinzufügen und 1 Minute kräftig mitbraten. Mit Sojasoße und etwas Wasser ablöschen. Ingwer und Konjaknudeln unterheben und 2–3 Minuten garen. Nach Geschmack mit Salz, Pfeffer und Chiliflocken würzen und mit Koriander und Erdnüssen bestreuen.

Re-Feeding-Tipp

Unschlagbar gut dazu schmecken 100 g gebratene Garnelen, Hänchenbruststreifen oder Tofuwürfel.

Tomaten-Pilz-Blumisotto mit Salbei-Spargel

Day 1: 400–450 kcal

410 kcal, 30,1 g Fett, 16,5 g Kohlenhydrate, 9,7 g Eiweiß

200 g Blumenkohl
80 g grüner Spargel
60 g braune Champignons
20 g Möhre (geschält und geraspelt gewogen)
20 g rote Zwiebel
30 g natives Olivenöl
20 g Tomatenmark
70 g passierte Tomaten (aus der Dose)
2–3 Blätter Salbei
1 Macadamianuss
Salz, schwarzer Pfeffer aus der Mühle

Blumenkohl putzen, waschen und mit der Gemüsereibe oder in der Küchenmaschine sehr fein raspeln. Er sollte die Größe von Reiskörnern haben.

Spargel waschen und das untere holzige Ende abschneiden. Spargel vierteln. Pilze säubern und vierteln. Möhre putzen, schälen und raspeln. Zwiebel schälen und hacken.

In einem Topf 10 g Olivenöl erhitzen. Zwiebel und Möhren darin andünsten. Blumenkohl hinzufügen und 1 Minute braten. Tomatenmark einrühren und 30 Sekunden mitrösten. Passierte Tomaten zugießen und das Blumenkohlrisotto bei niedriger Temperatur 6–8 Minuten köcheln lassen. Dabei zwischendurch immer wieder etwas Wasser nachgießen. Mit Salz und Pfeffer würzen.

In der Zwischenzeit 10 g Olivenöl in einer kleinen beschichteten Pfanne erhitzen. Pilze darin rundherum kurz anbraten. Mit Salz und Pfeffer würzen, herausnehmen, zum Blumenkohlreis geben und 2–3 Minuten mitgaren.

Das restliche Olivenöl in derselben Pfanne erhitzen und den Spargel darin rundherum kräftig anbraten. Dann bei niedriger Temperatur bissfest garen. Am Ende den Salbei waschen, trocken schütteln, dazugeben und kurz mitschwenken.

Blumisotto in einen tiefen Teller geben. Spargelstücke und Salbei darauf verteilen und Macadamianuss darüberreiben.

Day 2–5: 250–300 kcal

285 kcal, 20,6 g Fett, 11,7 g Kohlenhydrate, 7 g Eiweiß

150 g Blumenkohl
60 g grüner Spargel
40 g braune Champignons
20 g Möhre (geschält und geraspelt gewogen)
20 g rote Zwiebel
20 g natives Olivenöl
10 g Tomatenmark
50 g passierte Tomaten (aus der Dose)
2–3 Blätter Salbei
1 Macadamianuss
Salz, schwarzer Pfeffer aus der Mühle

Blumenkohl putzen, waschen und mit der Gemüsereibe oder in der Küchenmaschine sehr fein raspeln. Er sollte die Größe von Reiskörnern haben.

Spargel waschen und das untere holzige Ende abschneiden. Spargel vierteln. Pilze säubern und vierteln. Möhre putzen, schälen und raspeln. Zwiebel schälen und hacken.

In einem Topf 10 g Olivenöl erhitzen. Zwiebel und Möhren darin andünsten. Blumenkohl hinzufügen und 1 Minute braten. Tomatenmark einrühren und 30 Sekunden mitrösten. Passierte Tomaten zugießen und das Blumenkohlrisotto bei niedriger Temperatur 6–8 Minuten köcheln lassen. Dabei zwischendurch immer wieder etwas Wasser nachgießen. Mit Salz und Pfeffer würzen.

In der Zwischenzeit 5 g Olivenöl in einer kleinen beschichteten Pfanne erhitzen. Pilze darin rundherum kurz anbraten. Mit Salz und Pfeffer würzen, herausnehmen, zum Blumenkohlreis geben und 2–3 Minuten mitgaren.

Das restliche Olivenöl in derselben Pfanne erhitzen und den Spargel darin rundherum kräftig anbraten. Dann bei niedriger Temperatur bissfest garen. Am Ende den Salbei waschen, trocken schütteln, dazugeben und kurz mitschwenken.

Blumisotto in einen tiefen Teller geben. Spargelstücke und Salbei darauf verteilen und Macadamianuss darüberreiben.

To Edith
LA VIE
A SO
AINE.
LIFE.
Music and English Version by
TERESA DEL RIEGO.
Words by
LÉON DE MONTENAEKEN
Andante
VOICE.
Copyright, MCMII, by Chappell & Co
21799

Rosmarin-Wurzelgemüse aus dem Ofen

Day 1: 400–450 kcal

400 kcal, 28,8 g Fett, 19,6 g Kohlenhydrate, 6,2 g Eiweiß

125 g Möhren (oder Snackmöhren)
125 g Petersilienwurzel
80 g frische Rote Bete (geschält gewogen)
1 Zweig Rosmarin
30 g natives Olivenöl
grobes Meersalz
bunter Pfeffer aus der Mühle

Backofen auf 220 °C Ober-/Unterhitze vorheizen.

Möhren und Petersilienwurzel putzen, waschen und (mit Schale) in Stäbchenform schneiden. Rote Bete schälen und in Spalten schneiden (am besten Handschuhe verwenden!). Rosmarin waschen, trocken schütteln und die Nadeln grob hacken.

Gemüse in eine Schüssel geben und mit dem Öl, Salz, Pfeffer und Rosmarin vermengen. Dann auf einem mit Backpapier ausgelegten Blech verteilen und 20–25 Minuten im Ofen backen. Dabei zwischendurch wenden.

Day 2–5: 250–300 kcal

297 kcal, 19,3 g Fett, 18,2 g Kohlenhydrate, 5,4 g Eiweiß

125 g Möhren (oder Snackmöhren)
100 g Petersilienwurzel
80 g frische Rote Bete (geschält gewogen)
1 Zweig Rosmarin
20 g natives Olivenöl
grobes Meersalz
bunter Pfeffer aus der Mühle

Backofen auf 220 °C Ober-/Unterhitze vorheizen.

Möhren und Petersilienwurzel putzen, waschen und (mit Schale) in Stäbchenform schneiden. Rote Bete schälen und in Spalten schneiden (am besten Handschuhe verwenden!). Rosmarin waschen, trocken schütteln und die Nadeln grob hacken.

Gemüse in eine Schüssel geben und mit dem Öl, Salz, Pfeffer und Rosmarin vermengen. Dann auf einem mit Backpapier ausgelegten Blech verteilen und 20–25 Minuten im Ofen backen. Dabei zwischendurch wenden.

Re-Feeding-Tipp

Dazu 2–3 gegrillte oder gebratene Lammkotletts – ein Gedicht.

Pilz-Möhren-Gulasch mit Selleriepüree

Day 1: 400–450 kcal

412 kcal, 29,2 Fett, 16 g Kohlenhydrate, 9,2 g Eiweiß

200 g Knollensellerie (geschält gewogen)
100 g braune Champignons
100 g Möhre (geschält gewogen)
60 g Schalotte, 3 Zweige Thymian
30 g natives Olivenöl, 20 g Tomatenmark
1 schwach gehäufter TL edelsüßes Paprikapulver
½ TL rosenscharfes Paprikapulver
½ TL geräuchertes Paprikapulver
1 Lorbeerblatt
50 ml Mandeldrink (geröstet, ungesüßt)
geriebene Muskatnuss, 1 EL frisch gehackte Petersilie
Salz, schwarzer Pfeffer aus der Mühle

Knollensellerie schälen und in Würfel schneiden. In einem Topf ausreichend Salzwasser zum Kochen bringen und Sellerie darin weich garen.

In der Zwischenzeit die Champignons säubern und in Scheiben schneiden. Möhre putzen, schälen und in Scheiben schneiden. Schalotte schälen und in Ringe schneiden. Thymian waschen und trocken schütteln.

20 g Olivenöl in einem Topf erhitzen und Schalotte darin andünsten. Möhren- und Pilzscheiben hinzufügen und 1 Minute mitbraten. Tomatenmark einrühren und kurz anrösten. 50 ml Wasser zugießen. Alle Paprikapulver, Thymian und Lorbeer zugeben. Mit Salz und Pfeffer würzen und Gulasch bei niedriger Temperatur 15 Minuten einköcheln lassen. Zwischendurch etwas Wasser hinzufügen.

Knollensellerie in ein Sieb abgießen. Das restliche Öl in einem Topf erhitzen und den Sellerie kurz darin schwenken. Mandeldrink hinzufügen und kurz aufkochen lassen. Topf von der Herdplatte nehmen und Sellerie mit einem Stabmixer pürieren. Anschließend den Topf wieder auf die Herdplatte stellen und Püree bei niedriger Temperatur unter Rühren 2–3 Minuten einköcheln lassen. Mit Muskat, Salz und Pfeffer abschmecken.

Pilz-Möhren-Gulasch und Püree auf einen Teller geben und mit Petersilie bestreuen.

Day 2–5: 250–300 kcal

260 kcal, 15,3 g Fett, 13,1 g Kohlenhydrate, 7,5 g Eiweiß

180 g Knollensellerie (geschält gewogen)
75 g braune Champignons
80 g Möhre (geschält gewogen)
50 g Schalotte, 3 Zweige Thymian
15 g natives Olivenöl, 15 g Tomatenmark
1 schwach gehäufter TL edelsüßes Paprikapulver
½ TL rosenscharfes Paprikapulver
½ TL geräuchertes Paprikapulver
1 Lorbeerblatt
50 ml Mandeldrink (geröstet, ungesüßt)
geriebene Muskatnuss, 1 EL frisch gehackte Petersilie
Salz, schwarzer Pfeffer aus der Mühle

Knollensellerie schälen und in Würfel schneiden. In einem Topf ausreichend Salzwasser zum Kochen bringen und Sellerie darin weich garen.

In der Zwischenzeit die Champignons säubern und in Scheiben schneiden. Möhre putzen, schälen und in Scheiben schneiden. Schalotte schälen und in Ringe schneiden. Thymian waschen und trocken schütteln.

10 g Olivenöl in einem Topf erhitzen und Schalotte darin andünsten. Möhren- und Pilzscheiben hinzufügen und 1 Minute mitbraten. Tomatenmark einrühren und kurz anrösten. 50 ml Wasser zugießen. Alle Paprikapulver, Thymian und Lorbeer zugeben. Mit Salz und Pfeffer würzen und Gulasch bei niedriger Temperatur 15 Minuten einköcheln lassen. Zwischendurch etwas Wasser hinzufügen.

Knollensellerie in ein Sieb abgießen. Das restliche Öl in einem Topf erhitzen und den Sellerie kurz darin schwenken. Mandeldrink hinzufügen und kurz aufkochen lassen. Topf von der Herdplatte nehmen und Sellerie mit einem Stabmixer pürieren. Anschließend den Topf wieder auf die Herdplatte stellen und Püree bei niedriger Temperatur unter Rühren 2–3 Minuten einköcheln lassen. Mit Muskat, Salz und Pfeffer abschmecken.

Pilz-Möhren-Gulasch und Püree auf einen Teller geben und mit Petersilie bestreuen.

Zucchini-Möhren-Pfanne mit Zimt

Day 1: 400–450 kcal

408 kcal, 30,7 g Fett, 17,4 g Kohlenhydrate, 8,5 g Eiweiß

300 g Zucchini
125 g Möhren (geschält gewogen)
70 g rote Zwiebel
3 Stängel Koriander
25 g natives Olivenöl
½ TL Zimt
10 g Pinienkerne
Chilipulver
Salz, schwarzer Pfeffer aus der Mühle

Zucchini putzen, waschen und quer in 5 mm dicke Scheiben schneiden. Die Scheiben nochmals halbieren. Möhren putzen, schälen und schräg ebenfalls in 5 mm dicke Scheiben schneiden.

Zwiebel schälen, halbieren und in Streifen schneiden. Koriander waschen, trocken schütteln und grob hacken.

Olivenöl in einer beschichteten Pfanne erhitzen und Zwiebel kurz darin anbraten. Dann Zucchini und Möhren dazugeben und 1–2 Minuten kräftig rösten. Zimt und Pinienkerne unterrühren, mit Salz, Pfeffer und Chilipulver würzen und Gemüse bei mittlerer Hitze unter Rühren 10–12 Minuten braten. Zwischendurch löffelweise etwas Wasser hinzufügen.

Das Gemüse auf einem Teller anrichten und mit Koriander bestreuen.

Day 2–5: 250–300 kcal

263 kcal, 18,2 g Fett, 13,4 g Kohlenhydrate, 6,4 g Eiweiß

250 g Zucchini
100 g Möhre (geschält gewogen)
50 g rote Zwiebel
3 Stängel Koriander
15 g natives Olivenöl
½ TL Zimt
5 g Pinienkerne
Chilipulver
Salz, schwarzer Pfeffer aus der Mühle

Zucchini putzen, waschen und quer in 5 mm dicke Scheiben schneiden. Die Scheiben nochmals halbieren. Möhre putzen, schälen und schräg ebenfalls in 5 mm dicke Scheiben schneiden.

Zwiebel schälen, halbieren und in Streifen schneiden. Koriander waschen, trocken schütteln und grob hacken.

Olivenöl in einer beschichteten Pfanne erhitzen und Zwiebel kurz darin anbraten. Dann Zucchini und Möhren dazugeben und 1–2 Minuten kräftig rösten. Zimt und Pinienkerne unterrühren, mit Salz, Pfeffer und Chilipulver würzen und Gemüse bei mittlerer Hitze 10–12 Minuten unter Rühren braten. Zwischendurch löffelweise etwas Wasser hinzufügen.

Das Gemüse auf einem Teller anrichten und mit Koriander bestreuen.

Re-Feeding-Tipp

Zur veganen Eiweißbombe machst du dieses Gericht, indem du 100 g geröstete Kichererbsen dazugibst und die Pinienkerne auf 30 g erhöhst.

Gefüllte Paprika mit Blumenkohl-Spinat-Reis

Day 1: 400–450 kcal mit Pinienkernen

409 kcal, 29,1 Fett, 19,5 g Kohlenhydrate, 8 g Eiweiß

125 g Blumenkohlröschen
30 g Möhre (geschält gewogen)
20 g Gemüsezwiebel, 25 g Babyspinat
25 g natives Olivenöl, 10 g Tomatenmark
50 g passierte Tomaten (aus der Dose)
Cayennepfeffer
Ras el-Hanout oder Baharat-Gewürz (orientalische Gewürzmischung)
1 kleine bis mittelgroße gelbe Paprika (150 g)
8 g Pinienkerne
Salz, schwarzer Pfeffer

Blumenkohlröschen waschen und mit einer Gemüsereibe oder in einer Küchenmaschine fein raspeln, sodass der Blumenkohl die Größe von Reiskörnern hat. Möhre putzen. schälen und grob raspeln. Zwiebel schälen und fein hacken. Spinat waschen und verlesen.

20 g Olivenöl in einer Pfanne erhitzen. Zwiebel und Möhre darin braten. Dann Blumenkohl hinzufügen und 2 Minuten mitgaren. Tomatenmark gründlich einrühren. Passierte Tomaten zugießen, mit Salz, Pfeffer, Cayennepfeffer und Ras el-Hanout würzen. Den Blumenkohlreis 8–10 Minuten unter Rühren bei niedriger Hitze köcheln lassen. Zwischendurch ggf. etwas Wasser hinzufügen. Gegen Ende den Spinat unterheben und so lange garen, bis er zusammengefallen ist.

In der Zwischenzeit den Backofen auf 200 °C Ober-/Unterhitze (oder 180 °C Umluft) vorheizen. Paprika längs halbieren, putzen und waschen. Paprikahälften mit dem restlichen Öl bestreichen, mit dem Blumenkohlreis füllen, mit Pinienkernen bestreuen und in eine kleine Auflaufform setzen. 100 ml Wasser in die Form gießen. Gefüllte Paprika im Ofen 30 Minuten backen.

Day 2–5: 250–300 kcal

268 kcal, 15 g Fett, 18,4 g Kohlenhydrate, 6,7 g Eiweiß

125 g Blumenkohlröschen
30 g Möhre (geschält gewogen)
20 g Gemüsezwiebel, 25 g Babyspinat
15 g natives Olivenöl, 10 g Tomatenmark
50 g passierte Tomaten (aus der Dose)
Cayennepfeffer
Ras el-Hanout oder Baharat-Gewürz (orientalische Gewürzmischung)
1 kleine bis mittelgroße gelbe Paprika (150 g)
Salz, schwarzer Pfeffer

Blumenkohlröschen waschen und mit einer Gemüsereibe oder in einer Küchenmaschine fein raspeln, sodass der Blumenkohl die Größe von Reiskörnern hat. Möhre putzen, schälen und grob raspeln. Zwiebel schälen und fein hacken. Spinat waschen und verlesen.

10 g Olivenöl in einer Pfanne erhitzen. Zwiebel und Möhre darin braten. Dann Blumenkohl hinzufügen und 2 Minuten mitgaren. Tomatenmark gründlich einrühren. Passierte Tomaten zugießen, mit Salz, Pfeffer, Cayennepfeffer und Ras el-Hanout würzen. Den Blumenkohlreis 8–10 Minuten unter Rühren bei niedriger Hitze köcheln lassen. Zwischendurch ggf. etwas Wasser hinzufügen. Gegen Ende den Spinat unterheben und so lange garen, bis er zusammengefallen ist.

In der Zwischenzeit den Backofen auf 200 °C Ober-/Unterhitze (oder 180 °C Umluft) vorheizen. Paprika längs halbieren, putzen und waschen. Paprikahälften mit dem restlichen Öl bestreichen, mit dem Blumenkohlreis füllen und in eine kleine Auflaufform setzen. 100 ml Wasser in die Form gießen. Gefüllte Paprika im Ofen 30 Minuten backen.

Snacks mit maximal 200 kcal

Pimientos de Padrón mit Oliven und Tomaten

185 kcal, 14,3 g Fett, 9,4 Kohlenhydrate, 0,8 g Eiweiß

50 g Cocktailtomaten
20 g Kalamata-Oliven (in Wasser, ohne Stein)
200 g Pimientos de Padrón (kleine, grüne Paprikaschoten)
10 g natives Olivenöl
grobes Meersalz, schwarzer Pfeffer aus der Mühle

Tomaten waschen, halbieren und mit Salz und Pfeffer würzen. Oliven abtropfen lassen. Beides zum Servieren getrennt in kleine Schalen geben.

Pimientos waschen und trocken tupfen. Olivenöl in einer beschichteten Pfanne erhitzen und die Schoten darin in 3–4 Minuten rundherum kräftig anbraten. Die Pimientos sind fertig, wenn die Haut Farbe angenommen hat und Blasen wirft. Pimientos mit grobem Meersalz würzen und ebenfalls in eine kleine Schale geben.

Latte macchiato mit Himbeeren

107 kcal, 5,4 g Fett, 6,8 Kohlenhydrate, 3 g Eiweiß

125 g Himbeeren
150 ml Kaffee (oder 60 ml Espresso)
125 ml Mandeldrink (ungesüßt, geröstet)
5 g Haselnussmus
etwas Zimt oder gemahlene Vanille

Himbeeren vorsichtig waschen und in eine Schale geben.

Kaffee zubereiten. Mandeldrink in einem Milchaufschäumer aufschäumen und in ein Glas schütten. Kaffee seitlich eingießen. Haselnussmus über den Schaum geben und mit etwas Zimt oder gemahlener Vanille bestreuen.

Tomaten-Melone-Caprese mit Oliven

173 kcal, 14 g Fett, 9 Kohlenhydrate, 1,9 g Eiweiß

100 g Strauchtomate
80 g Wassermelone (geschält gewogen, ohne Kerne)
6–8 Blätter Basilikum
getrockneter Oregano
10 g natives Olivenöl
1 TL dunkler Balsamicoessig
20 g Kalamata-Oliven (in Wasser, ohne Stein)
Salz, schwarzer Pfeffer aus der Mühle

Tomate waschen und in dünne Scheiben schneiden. Melonenfruchtfleisch zu dünnen Dreiecken aufschneiden. Basilikum waschen und trocken schütteln.

Tomatenscheiben, Melonenscheiben und Basilikum abwechselnd fächerartig auf einem flachen Teller anrichten. Mit Salz, Pfeffer und Oregano bestreuen. Mit Olivenöl und Essig beträufeln. Oliven abtropfen lassen und in die Mitte setzen.

Gurkenhäppchen mit Tapenade

179 kcal, 15,8 g Fett, 4,3 Kohlenhydrate, 1,8 g Eiweiß

150 g Gurke
4 Cocktailtomaten (30 g)
½ Knoblauchzehe
25 g Kalamata-Oliven (in Wasser, ohne Stein)
5 g Kapern
10 g natives Olivenöl
ein paar Spritzer Zitronensaft
1 TL frisch gehackte Blattpetersilie
schwarzer Pfeffer aus der Mühle
4 Zahnstocher

Gurke putzen, waschen und in dicke Scheiben schneiden. Tomaten waschen. Knoblauch schälen. Oliven und Kapern abtropfen lassen und zusammen mit dem Knoblauch, dem Olivenöl, etwas Zitronensaft und Pfeffer im Standmixer zu einer Paste verrühren. Gehackte Petersilie untermischen.

Gurkenscheiben mit der Tapenade bestreichen und jeweils 1 Tomate mit einem Zahnstocher darauf befestigen.

Rohkostplatte mit Macadamianüssen

159 kcal, 12 g Fett, 6,8 Kohlenhydrate, 3,2 g Eiweiß

50 g Gurke
50 g Stangensellerie
50 g gelbe Paprika
50 g Cocktailtomaten
15 g Macadamianüsse (geröstet, gesalzen)

Gurke putzen, waschen und in Scheiben schneiden. Sellerie waschen und dritteln bzw. vierteln. Paprika putzen, waschen und in Streifen schneiden. Tomaten waschen.

Gemüse zusammen mit den Nüssen auf einem kleinen flachen Teller anrichten.

Erfrischendes Beeren-Kokos-Sorbet

192 kcal, 14,4 g Fett, 9,7 Kohlenhydrate, 3 g Eiweiß

80 g Kokosjoghurt (Natur, ungesüßt)
80 g TK-Beeren
40 g Kokosmilch

Wichtig: Der Kokosjoghurt muss ca. 1 Stunde eingefroren werden. Rechtzeitig vorbereiten!

Kokosjoghurt ca. 1 Stunde vor dem Zubereiten des Sorbets einfrieren.

Den gefrorenen Joghurt und die Beeren in einem Hochleistungsmixer zerkleinern. Kokosmilch dazugeben und nochmals mixen, bis eine sorbetartige Konsistenz entstanden ist.

Bildnachweis

Bilder von Barbara Becker und Franca Mangiameli (S. 6, 19, 22, 34, 37, 39, 42, 44, 46, 54, 57): Jeffery Berlin Green, https://www.pictureboutique.com/

Rezeptfotos (Cover, S. 16, 62–185): Patrick Rosenthal, www.patrickrosenthal.de

Bild von Barbara Becker (Cover): Joseph Montezinos

Bild von Barbara Becker (S. 24): Harry Schnitger, www.harry-schnitger.de

S. 8: Makistock/Shutterstock.com

S. 11: Flotsam/Shutterstock.com

S. 12 und 38: Lipatova Maryna/Shutterstock.com

S. 14: bstbrk/iStock.com

Rezeptregister

Frühstück 61

Suppen und Eintöpfe 81

Kalte Hauptspeisen 99

Warme Hauptspeisen 139

Ebenfalls bei Yes Publishing erschienen